◎ 国家社会科学基金青年项目（12CJL051） **资助出版**
◎ 国家社会科学基金一般项目（20BJL052）

中国出口贸易污染排放的
环境效应评估

Environmental Effects Assessment of Pollution Emissions
from China's Export Trade

◎ 高　静　刘国光　著

中国矿业大学出版社
China University of Mining and Technology Press

·徐州·

图书在版编目（CIP）数据

中国出口贸易污染排放的环境效应评估/高静，刘国光著 . —徐州：中国矿业大学出版社，2022.2

ISBN 978-7-5646-4698-1

I.①中… II.①高… ②刘… III.①出口贸易－排污量－环境效应－研究－中国 IV.① F752.62 ② X-12

中国版本图书馆 CIP 数据核字 (2020) 第 217211 号

书　　名	中国出口贸易污染排放的环境效应评估
	Zhongguo Chukou Maoyi Wuran Paifang de Huanjing Xiaoying Pinggu
著　　者	高　静　刘国光
责任编辑	章　毅
出版发行	中国矿业大学出版社有限责任公司
	（江苏省徐州市解放南路 邮编 221008）
营销热线	(0516)83884103　83885105
出版服务	(0516)83995789　83884920
网　　址	http://www.cumtp.com　**E-mail:** cumtpvip@cumtp.com
印　　刷	湖南省众鑫印务有限公司
开　　本	710 mm×1000 mm　1/16　**印张** 12.5　**字数** 184 千字
版次印次	2022 年 2 月第 1 版　2022 年 2 月第 1 次印刷
定　　价	98.00 元

（图书出现印装质量问题，本社负责调换）

高　静　湖南湘潭人，经济学博士，湖南科技大学商学院教授。主要研究方向为国际贸易、贸易与环境、国际投资。在权威期刊公开发表学术论文30余篇，主持国家社会科学基金项目2项及省部级项目多项。

刘国光　湖南湘潭人，体育经济学硕士，湘潭大学体教部讲师，研究方向是体育产业经济、服务经济。

前　言

　　进入20世纪以来，中国面临着越来越严峻的贸易环境。在全球环境规制越来越严格的今天，中国的贸易模式以及出口生产力也随着环境规制的改变而改变。随着全球气候的日益变暖，越来越多的学者将环境恶化与国际贸易联系在一起。中国作为全球最大的"加工制造基地"和贸易出口国，被深深打上了"世界环境污染制造者"的烙印。究其原因，部分是各国环境规制的差异逐步改变现有全球贸易与投资模式。《联合国气候变化框架公约的京都议定书》（以下简称《京都议定书》）于2005年2月生效以来，缔约方开始接受协定的强制性减排义务的约束。欧盟担心减排国家存在能源密集型产业国际竞争力受损的问题，认为欧盟应该采取措施进行损失补偿，主张《京都议定书》缔约方对来自未履行减排义务国家的进口产品征税，以此来弥补减排带来的竞争力损失。2009年末，法国率先提出自2010年1月1日开始，对那些在环保立法方面不及欧盟严格的国家的进口产品征收高额碳关税。环境规制措施（碳关税等）直接针对进口产品的内含碳和内含能源，而中国企业产品的能耗效率低，出口产品成本因此显著上涨，这将直接影响我国出口企业的生产力。发达国家由于国内严格的环境规制，一方面积极地将本国污染产业通过对外直接投资（Foreign Direct Investment，FDI）的方式迁移到环境规制较为宽松的发展中国家，使发展中国家沦为发达国家的"污染避难所"和"污染天堂"；另一方面，通过更大规模地从发展中国家进口污染品，将自身对污染品的需求与生产转移到发展中国家，令发展中国家的生产者承担了本应由消费者承担的污染责任（Munksgaard et al.，2005）。《京都协定书》规定碳排放责任的承担者是生产国而不是消费国，这令发展中国家在全球碳排放约束中承担了更多不平等的责任与义务。与此同时，发达国家学者却在积极提倡协调各国的环境标准，针对环境规制宽松的国家产品提出征收进口附加税以提供所谓的公平竞争环境，从而给包括中国在内的发展中国家带来了贸易与环境上的双重困境。

对贸易碳排放责任划分问题的研究实际上涉及一系列理论问题：当产品是为满足国外消费者需求而生产时，这些出口产品造成的环境问题由谁负责？是由出口国负责，以便督促出口企业改进生产工艺，还是由进口国负责，以形成对环境有利的消费偏好？抑或是按一定比例由出口国和进口国共同分担？碳排放责任划分原则是确定各国减排目标的基石，将影响各国减排政策、国际贸易秩序乃至全球气候制度。我国既是贸易大国又是碳排放大国，在不同责任划分原则下，我国的碳排放责任存在着巨大差异。因此，公平合理的责任划分原则对我国尤为重要，我国应在关注人均碳排放、历史责任的同时，重视责任划分问题。再加上我国加工贸易占据"半壁江山"的特点，巨大的中间品进口组成了出口额的一部分，来自国外中间品的污染排放也计算在中国的出口碳排放中。因此从消费者原则角度考虑，众多学者呼吁中国不应该承担所有的出口碳排放责任。

中国作为"世界工厂"，产业部门生产的产品和服务，一部分满足国内需求，还有相当部分通过出口满足国外消费需求。因此，应当将消费的概念纳入分配国际贸易碳排放责任中。一方面，碳排放量的增加是消费增加的结果；另一方面，覆盖全球的碳排放责任协议未达成共识，其原因在于未将消费者责任原则考虑在内。虽然出口是拉动中国经济增长的"三驾马车"之一,但大量的出口也加重了能源消耗和减排压力。为了应对以美国、欧盟为首的发达国家对中国施加的碳减排压力,应该科学地界定国际贸易中各产业部门的碳排放量,合理地划分产业部门间的碳排放责任,了解国外产业部门对中国产业部门的"碳泄露",以期真实地反映中国产业部门贸易碳排放情况。

目　录

第一章 导 论

第一节 研究背景及意义

经济全球化跨越了国界,使得污染的生产与消费也跨越了国界,即一国既可以通过进口获得对产品和服务的消费,也可以通过 FDI 的方式转移对产品和服务的生产,碳排放通过出口和 FDI 的转移,模糊了生产者和消费者的责任界限,从而引发了全球碳排放的责任划分问题(Gavrilova et al.,2012)。随着"后京都时代"到来,由碳排放导致的生产消费责任模糊问题产生了新一轮贸易碳排放的"生产者负责"和"消费者负责"的政治博弈之争。不管是生产者负责原则还是消费者负责原则,都会因为生产者和消费者的国别分离导致贸易中隐含碳排放核算的困难和减排责任划分上的争议(Ghertner et al.,2007;Wiedmann,2009;Munksgaard,2001)。生产者负责制得到了部分学者的支持,他们认为发展中国家因为低廉的劳动力成本从加工贸易和全球生产制造加工基地中获得了巨大的出口利益和外汇收入,保持了较高的经济增长速度,有义务弥补和承担出口经济增长带来的全球污染排放责任。但是,越来越多的学者开始支持消费者负责原则。他们认为发展中国家承担了过多的碳排放责任,发达国家通过从发展中国家进口污染品实现了本国污染的境外生产,导致全球节能减排政策减弱（Wiedmann et al.，2010；齐晔 等，2008；陈迎 等，2008）。另外，环境规制高的发达国家通过 FDI 的方式，将本国的污染产业转移到环境规制低的发展中国家，出现"碳泄漏"现象(曾贤刚，2010；李小平 等，2010；彭水军，2010；傅京燕 等，2014)。

《京都议定书》生效以来，缔约方包括中国，开始接受协议中的强制性节能减排约束。由于中国是制造业大国与出口大国，一直处于贸易与环境争议的风口浪尖。欧盟主张《京都议定书》缔约方对来自未履行减排义务国家的进口品征收碳关税，用以内部化这些国家的污染排放。这些措施会导致中国出口产品成本的直接上涨，降低中国出口企业的国际竞争力。从生产者原则来说，中国处于全球产业转移以及微笑曲线的底端，是世界加工制造的中心、污染的核心区。但从消费者原则而言，这种污染的转移正是基于发达国家对污染消费的结果，从而造成了中国及其他发展中国家生产污染产品、发达国家消费污染产品的不利局面。因此，从消费者原则角度，众多学者呼吁中国不应该承担所有的出口碳排放责任，尤其是考虑到中国贸易的特殊性——加工贸易的方式占到了出口贸易的"半壁江山"，更加大了中国出口碳排放测算的特殊性和困难性。首先，加工贸易是一种低附加值、低技术含量的"三来一补"贸易，处于全球产业链的底端，没有自己的核心技术，实现的只是简单的装配任务。因此，以加工贸易为主的贸易方式会更突出中国出口高排放、高增长的特点。其次，加工贸易中含有进料加工的方式，从消费者负责的角度，进口中间品实质上是对国外污染排放的一种进口，能够实现国内排放的节省。目前，国内对出口碳排放的测算几乎忽略掉加工进口品的国外节省量，即使有学者研究加工进口贸易所节省的国内排放，采用的也是一种"本国技术替代"的假设，即用本国的投入产出系数和碳排放系数来替代进口国的，从而导致对本国出口贸易隐含的碳排放的高估，直接夸大了中国外贸对国际环境的负面影响。

为了有效改善这种负面影响，如何在加工贸易约束下科学地、定量地计算中国对外贸易进出口中所隐含的完全碳排放，测算各贸易部门的污染贸易条件，并在加工贸易约束下对影响中国出口贸易隐含碳排放的各种因素进行定量定性研究，真实有效地评估中国对外贸易的环境效应，制定相关政策，有效控制贸易碳排放逐渐成为一项极具挑战的课题。研究该课题有利于中国政府在国际碳排放减排责任分配中争取有利的地位。

第二节 国内外文献综述

一、"污染天堂理论"与出口贸易碳排放的关系

新古典经济学认为，只有当导致市场失灵和政府失效的因素(如外部性、产权不明确、信息不充分等)存在时，贸易才会造成对环境的破坏。关于环境与贸易的博弈，Antweiler 等(2001)认为国际贸易的溢出效应能使发展中国家更好地接受发达国家成熟的减排技术，贸易自由化长期内有利于环境质量的改善。另一派如 Akbostanc 等(2009)则认为无论是短期还是长期，国际贸易引起的环境后果都是恶劣的。

发达国家通过贸易与投资的方式将国内的高碳产业直接转移到包括中国在内的发展中国家，使发展中国家成为其"污染避难所"(Busse，2004；傅京燕，2011)。污染天堂假说，也称"污染避难所假说"或"产业区位重置假说"，最初是由 Copeland (1994)研究北南贸易和环境时提出的。该假说认为，由于发达国家的环境管理能力普遍高于发展中国家，制定的环境标准也更为严格和完善，在各种生产要素和资源配置全球化浪潮下，一方面，发达国家中污染较重、耗能较高的产业必然会向发展中国家转移；另一方面，发达国家也通过从发展中

国家进口污染品的方式，将高污染产业不断迁移到发展中国家。Kennedy（1994）通过"三国垄断模型"进一步指出，在自由贸易中，各国为维持其产业竞争力，会不断降低环境规制水平，进而出现"向底线赛跑"的现象。Cole（2004）在对污染天堂假说进行验证时，消费量的变化至关重要，仅从进出口角度考察污染天堂存在性的模型有效性不足。高收入国家污染密集型产品净出口减少可能是由于其贸易对象国消费减少，而并非是污染产业外包。低收入国家污染密集型产品出口量上升，也可能是由于国内对该类产品需求上升以至于生产增加，扩大的生产导致供给旺盛，从而需要增加出口量以实现国内市场供给需求平衡，不一定是发达国家产业转移的结果。同时，Cole 等（2006）在完全竞争市场假设下，认为 FDI 会影响东道国环境规制政策。在产权不明晰的情况下，国际贸易加剧了发展中国家的污染状况。李锴等（2011）估算了我国 1997—2008 年省级碳排放量，并实证了"污染天堂"假说在我国是成立的，张宽（2019）也得出了类似的结论。但杨子晖（2017）认为"污染天堂"假说仅在我国的部分地区成立。曾贤刚（2010）却认为"污染天堂假说"在中国不成立，环境规制和 FDI 之间并不存在显著的关系，并且发达国家向中国转移污染产业的同时也转移了洁净产业。张为付（2011）指出发达国家通过从中国进口污染品将污染的生产环节留在中国，导致中国出口含碳量远远大于进口含碳量，成为贸易碳排放净输出国，中国各产业部门污染贸易条件不断恶化。但以彭水军（2010）为代表的学者却表示中国的出口碳排放小于进口碳排放，出口品比进口品更清洁，但共同点是他们均承认中国污染贸易条件持续恶化。李小平（2010）表示中国外贸出口隐含的 CO_2 中，国内生产的 CO_2 所占比例减少，加工贸易进口品国外生产排放的 CO_2 比例增加。

在贸易对象细分方面，大部分学者将中国对外贸易作为一个整体研究，但也有一些经济学家分别就中国与日本（Dong，2010）、中国与美国（石红莲，2011）和中国与英国（Li，2008）之间的贸易碳排放量进行定量测算。主流研究认为严格的环境规制是促使贸易环境改善的有效路径。例如，李瑞娥(2008)等认为严格的环境规制能激励企业降低污染成本，使中国的环境库兹涅茨曲线更加平缓，改善中国的贸易环境效应；赵红(2008)、黄平(2010)等指出，严格的环境规制能够促进出口企业中长期技术创新与制度创新，降低企业的环境成本；陆旸(2009)提出，适度的环境规制能够提高资本密集型出口品的贸易竞争力；沈能(2014)的研究成果表明，环境规制与技术创新有非线性关系，认为环境规制对企业技术创新产生先降低后提高的影响，即呈现"U"形特征，但并未从价值链视角讨论环境规制与研发创新效率之间的关系，且未就其他重要门槛条件展开分析，研究具有一定的局限性；李勃昕等(2013)的研究表明，环境规制强度对创新效率的影响呈倒"U"形特征，但是，其对非线性关系的研究仅限定于运用二次曲线模型讨论二者的倒"U"形关系，并未考虑到环境规制对研发创新双环节效率在不同节点下的非线性影响可能存在多重特征。

二、出口贸易碳排放的测算与环境效应评估

对于国际贸易中隐含的碳排放测算，国内外学术界大多采用两种投入产出法，即单区域环境投入产出法(SRIO)和多区域环境投入产出法(MRIO)。单区域环境投入产出法主要用于测算两国之间贸易隐含的碳排放量。例如，Ackerman(2007)、赵子壮等(2011)分别就中国和俄罗斯、日本和美国、经济合作与发展组织和发展中国家的进出口贸易进行隐含的碳排放量，国内有刘强等(2008)、沈利生(2007)、李小平等(2010)、张友国(2010)、张传国等(2013)、邓荣荣(2014)等就中国与其他国家贸易隐含碳排放进行测算，其特点是采用国内投入产出系数和产业碳排放强度来替代进口国的投入产出系数，这种方法无法分离一国对世界各国具体产业的中间进口和最终进口，导致计算出来的结果与真实结果相去甚远。刘宇(2015)对上述方法做了改良，利用区分加工贸易的进口非竞争型投入产出法测算中国与各国双边贸易隐含碳排放，但仍坚持用本国产业碳排放系数对进口国进行替代。蒋雪梅等（2013）利用世界投入产出表采用结构分解方法对各国出口贸易隐含碳排放强度变化进行了分析，发现1995—2008年发达国家和发展中国家出口单位增加值的隐含碳排放呈现下降趋势，发展中国家为获得出口单位增加值所承担的隐含碳排放远高于发达国家，造成这种差距的主要原因是各国在碳减排技术上的相对差距。

学者们通过测算出口碳排放，同时对出口贸易的环境效应进行了评估。Machado 等（2001）通过构造14部门混合单位投入产出模型来评估出口贸易对巴西能耗和 CO_2 排放量的影响。结果显示，1995年巴西非能源类出口产品的隐性能耗和隐性 CO_2 排放量均超过非能源类进口产品。Sánchez-choliz 等（2004）利用投入产出模型计算西班牙对外贸易中的 CO_2 含量，发现交通运输设备、矿产和能源、非金属制品是与 CO_2 排放关联度最高的出口部门。Peters 等（2005）研究发现，挪威72% 的 CO_2 排放是由出口贸易引起的。

三、环境规制对贸易环境效应的影响

环境规制会产生创新补偿作用，在促进企业技术创新的同时弥补生产成本上升带来的损失，进而提高产品的国际竞争力，即波特效应（Porter et al.，1995；马中东 等，2010；黄平 等，2010；赵红，2008)；傅京燕（2011）认为环境规制在越过某一临界值后，其补偿效应不能抵消企业环境成本的上升，反而会降低其国内竞争力水平，同时也会影响企业的出口比较优势和出口竞争力。但波特效应存在明显的地域差别，其中东部地区明显，中西部地区不明显（王动 等，2011；白雪洁 等，2009；王国印 等，2011）。

第三节　研究方法与创新

本研究充分利用理论基础研究，数学和模型、实证与规范相结合，多主体等分析方法，以环境经济学、国际经济学、发展经济学、制度经济学等学科为指导，具体的方法有：

(1)文献研究。广泛查阅国内外资料，跟踪了解全球贸易投资下碳排放转移发生的诱因、规模、路径、风险及布局，挖掘"污染天堂"发生的根源，掌握最新的学术动态。

(2)统计与对比分析。统计并对比不同区域和产业的碳排放强度。利用MATLAB 7.1软件、各种投入产出表以及碳排放系数，在加工贸易约束下多维度、多层次地定量测算中国隐含的进出口碳排放，对碳排放总量进行 SDA 结构分解。

(3)计量检验。运用产业经济学、空间经济学、地理经济学等交叉学科进行研究，并采用空间杜宾模型、门槛模型、基准模型对影响贸易碳排放的因素进行实证分析。运用双重差分倾向得分匹配法分组模拟政策变化对不同贸易类型的企业的影响，解决内生性的问题。

(4)问卷调查与访谈相结合。赴北京、上海、浙江、广东、江苏、四川、辽宁等不同区域、不同类型企业进行实地调研，获取一系列中观和微观数据。

本研究具有一定的创新性，表现在：

(1)选题的创新。本研究立足于加工贸易的背景，从消费者负责的角度考虑中国进口中间品的进口省碳量，摒弃测算加工贸易常用的"国内技术替代"的原则，真实有效地剔除中国出口碳排放的"国外排放"部分。

(2)出口碳排放定量测算方法的创新。国内学者以单区域投入产出法定量测算贸易碳排放有一定的理论与现实基础，这是基于多区域投入产出法模型极其复杂、难以实施的原因。因此，本研究尝试用多区域投入产出法进行碳排放定量测算是一大亮点。本研究摈弃了学术界通用的(进口)非竞争型投入产出法，采用世界投入产出表来对出口碳排放进行测算，其优势在于投入产出系数与碳排放系数均来自具体进口国以及具体行业，测算更加精准有效。

(3)贸易碳排放测算对象的扩展。本研究将贸易碳排放测算对象扩大到发展中国家，其目的是真实有效地评估中国与具有代表性的发展中国家、新兴经济体之间的贸易环境效应。将各个国家出口碳排放增量进行结构分解，尝试寻找各个国家出口碳排放迥异的不同原因。

第二章 中国污染产业的集聚与出口

根据赫克歇尔－俄林的"要素禀赋论"（Heckscher-Ohlin 定理，H-O 定理），产业在空间上的转移和集聚主要是由要素禀赋所决定，这些要素禀赋包括了资本、土地、研发以及技术、企业家才能等。环境规制被作为要素禀赋的一种，近年来经常被学术界纳入影响产业集聚和转移的要素之一。环境规制是国家层面或产业层面提高环境的水平的一种意愿。一般来说，发达国家的环境规制比发展中国家的环境规制水平要高。进一步说，环境规制作为一种要素禀赋，会影响一国贸易和投资的方向，从而发生产业在国际上的重新分配。

本章将环境规制作为一种要素禀赋，首先从国家层面、行业层面分别测算环境要素禀赋的丰腴度，研究环境要素禀赋和污染产业国内集聚的关系以及环境要素禀赋对污染品出口总量、出口贸易模式的影响，并对污染品集聚和出口的环境效应进行量化评估。

第一节 环境要素禀赋的测算方法

环境规制作为一种要素禀赋会影响一国贸易和投资的方向，从而引发产业在国际上的重新分配。首先，在封闭贸易条件下，环境规制会引起一国污染产业在本国的集聚。一个地区如果比另一个地区具有更高的环境规制，往往容易吸引清洁型产业，反之则容易吸引污染型产业（Mulatu，2004）。例如，北美自由贸易区是世界上最大的发达国家和发展中国家组合在一起的自由贸易区。环境标准的不一样引起北美自由贸易区的美国、加拿大和墨西哥之间的矛盾。生产要素在北美自由贸易区发生自由流动导致要素趋同更加明显，这也包括环境要素趋同，即美国、加拿大的环保标准会向墨西哥趋同。Chintrakarn（2006）、Mulatu（2004）、Jaffe（1995）等学者指出，环境规制能够改变外商投资的区位和力度，使得企业的研发费用和资金发生挤兑效应，阻碍了该产业在空间上的集聚。大部分学者依然认为环境规制具有一个空间拐点，会非线性地影响企业的技术创新，短期内会降低企业的生产效率，但长期内会由于企业的技术创新水平的提高弥补环境规制加强带来的高成本，提高产品的国际竞争力，即波特效应（Yang，2012；张晓莹 等，2014；李斌，2013）。关于环境规制的测算方法有很多，本节主要从国家层面、产业层面两个方面来阐述环境规制的测算。

一、国家层面环境规制的测算

（一）人均 GDP

环境规制的测算指标很多。从国家层面或者省域层面来说，环境规制一般用一国的人均 GDP 水平或者省份的人均 GDP 水平来表示。一般来说，人均 GDP 水平越高的国家和省份对环境要素的水平要求越高（陈媛媛，2011；闫文娟，2012；徐敏燕，2013），通常可用工业污染治理投资总额/GDP 的比重来定义。工业污染治理投资比重越高，一国或地区的环境规制水平越高。由图2-1可以看出，东部地区的环境规制最高，高于全国平均水平，中部和西部均低于全国环境规制的平均水平。

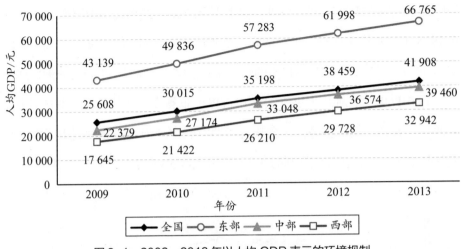

图2-1 2009—2013年以人均 GDP 表示的环境规制

(二)环境绩效指标（EPI）

该指标是由耶鲁大学网站提供的2006年、2008年、2010年、2012年4年数据，是基于2000—2005年连续6年编制的环境信息披露指数（EDI）发展而来。总体而言，欧盟国家的环境规制是最高的。以2010年的 EPI 为例，最高的是冰岛，为93.5分，接下来依次为瑞士、哥斯达黎加、瑞典、挪威、毛里求斯、法国，EPI 值分别为89.1分、86.4分、86分、81.1分、80.0分、78.2分。亚洲地区的 EPI 值普遍较低。排在亚洲地区第一、第二的国家分别是日本和新加坡，EPI 值分别为72.5分和69.6分。其中，中国排在第121位，为49分；印度排在第123位，为48.6分。

(三)人均能耗增长率（ENVPOL）

参照 Cole 等（2003）的做法，计算以1980年为基期的当年各个国家的 ENVPOL，作为环境规制的代理变量，由此可以发现一国 ENVPOL 越小，环境规制越严格，其中发达国家的增长幅度非常小，有些国家甚至为负。例如，德国和美国自1981年来均为负增长，这意味着其 ENVPOL 一直呈下降趋势。

相比发达国家 ENVPOL 的小幅平稳增长甚至下降，亚洲发展中国家 ENVPOL
自 1985 年开始稳定增长，平均增幅为 2.6%，远高于欧盟总体的 0.58%、德国
的 -0.67%、美国的 -0.6%、日本的 0.99%（图 2-2）。同时，美洲及非洲发展中
国家 ENVPOL 则比亚洲发展中国家 ENVPOL 低得多，尤其是美洲南方国家如
墨西哥、智利、巴拉圭等，这意味着美洲发展中国相对亚洲发展中国家的环
境规制更强。另外，环境规制的两种测算指标 ENVPOL 和 EPI 呈负相关关系，
美洲发展中国家拥有比亚洲发展中国家更高的 EPI 和更低的 ENVPOL。

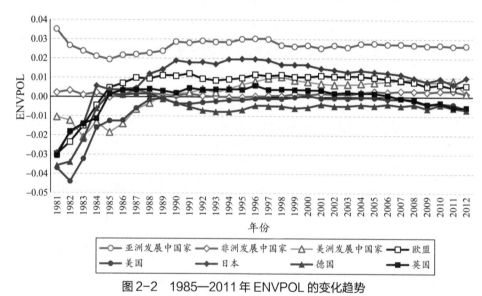

图 2-2　1985—2011 年 ENVPOL 的变化趋势

　　根据 2000—2011 年的数据分别作人均 GDP 与 EPI、ENVPOL 的散点图，
如图 2-3 所示。从图 2-3 中可以很清楚地看出 EPI 与人均 GDP 呈正相关关系，
而 ENVPOL 则与 GDP 呈负相关关系。

二、产业层面环境规制的测算

　　目前，学术界对环境规制的测算不仅仅局限在宏观的国家层面、省域层
面，已经有很多学者细化到了产业层面（蒋伏心 等，2013）。本研究首先确定

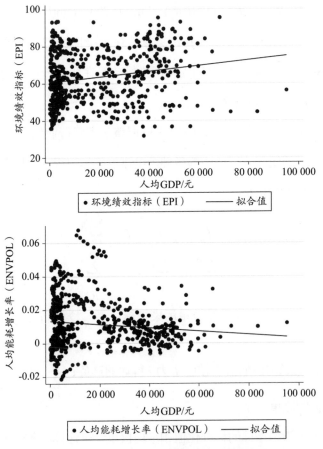

图 2-3　人均 GDP 与环境规制变量散点图

各个产业的主要污染指标（包括废水、废气和固体废料）的排放量以及工业生产总值，依次计算每个部门单位产值的废水排放强度、废气排放强度、固体废料排放强度，再对各部门单位污染排放量进行标准化处理后加权，得出具体产业的标准化单位污染排放强度。根据《中国统计年鉴 (2007)》中的投入产出表和《中国环境统计年鉴 (2007)》，将投入产出表上的产业合并成20个，依次计算了20个产业的单位废水排放量、单位废气排放量以及单位固体废料排放量，经过标准化处理后得到每个产业的3项污染指标。标准化公式为：

$$UR_{ij}^s = \left[UR_{ij} - \min(UR_j) \right] \big/ \left[\max(UR_j) - \min(UR_j) \right] \qquad (2\text{-}1)$$

式中：UR_{ij} 为 i 行业 j 污染物的单位污染排放量污染指标；j 为废水、废气和固体废料；$\max(UR_j)$，$\min(UR_j)$ 分别为各污染排放量在所在行业中的最大值和最小值；UR_{ij}^s 为指标的标准化值。

然后对各个污染指标的系数（V_j）进行调整。不同行业的"三废"污染排放比重差异较大，即使同一行业中的各种污染排放差异也很大。因此使用下述调整系数对差异性进行调整：

$$V_j = \frac{R_{ij}}{\sum_{i=1}^{m} R_{ij}} \bigg/ \frac{l_i}{\sum_{i=1}^{m} l_i} = \frac{R_{ij}}{l_i} \times \frac{\sum_{i=1}^{m} R_{ij}}{\sum_{i=1}^{m} l_i} \qquad (2\text{-}2)$$

式中：R_{ij} 为 i 行业 j 污染物的排放量污染指标；$\dfrac{R_{ij}}{\sum_{i=1}^{m} R_{ij}}$ 为 i 行业 j 污染物排放量占所有产业 j 污染物排放量的比重；l_i 为 i 行业的产值；$\dfrac{l_i}{\sum_{i=1}^{m} l_i}$ 为 i 行业的产值占所有行业产值的比重。

通过各个污染物指标的标准化值和平均权重，可计算出各个污染指标的环境规制与这个产业总体的环境规制，依次为：

$$W_i = \frac{1}{n} \sum_{j=1}^{n} V_j UR_{ij}^s ; \quad ERS = \sum_{i=1}^{p} W_i \qquad (2\text{-}3)$$

以 2007 年的数据为研究对象，按照上述公式依次测算得出 20 个行业的环境规制，代表每个行业标准化的单位污染排放水平，环境规制越高，则该指标测算出来的数值越低，反之亦然。根据测算结果得出 20 个产业的单位废水排放量、单位废气排放量以及单位固体废料排放量（表 2-1），并生成折线图（图 2-4）。由图 2-4 可知，排在环境规制最高的前四位的行业依次为电气设备、纺织、通信计算机以及交通设备。环境规制最低的四个行业依次为造纸及纸制品，电力、热力，黑色金属延压加工，石油加工。

表2-1 20个产业的单位废水排放量、单位废气排放量

以及单位固体废料排放量

	单位废水排放量 /（吨 / 万元）	单位废气排放量 /（万立方米 / 万元）	单位固体废料排放量 /（吨 / 万元）
食品加工制造业	12.73	0.30	0.000 48
饮料制造业	24.18	0.84	0.002 11
烟草	1.59	0.27	0.000 16
纺织	19.19	0.30	0.000 30
纺织服装鞋类	1.72	0.02	0.000 01
造纸及纸制品	109.19	1.65	0.002 48
石油加工	7.45	1.24	0.005 44
化学制品	20.51	1.94	0.002 17
医药	12.98	0.34	0.000 76
化学纤维	24.40	1.54	0.000 28
非金属矿	3.79	6.38	0.005 76
黑色金属延压加工	8.29	4.59	0.003 20
有色金属延压加工	3.34	1.96	0.003 43
金属制品业	4.04	0.28	0.000 11
通用专用设备	1.18	0.10	0.000 31
交通设备	1.44	0.26	0.000 08
电气设备	0.68	0.06	0.000 03
通信计算机	1.54	0.12	0.000 02
仪器仪表	3.17	0.33	0.000 00
电力、热力	11.92	8.56	0.004 89

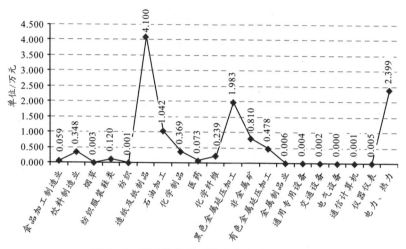

图2-4　标准化处理后的产业层面环境规制

第二节　环境要素禀赋与污染产业的国内集聚

产业在空间上的集聚主要由要素禀赋所决定，这些要素包括土地要素、资本要素、研发要素、技术要素等。近年来，环境规制作为要素禀赋的一种，也被纳入产业集聚分析框架之内。尤其是在贸易与投资自由化的背景下，很多经济学家开始研究环境规制如何影响贸易与投资的方向，引起产业在国际上的重新分配。部分学者认为，西方严格的环境规制使得西方污染密集型产业向发展中国家转移，因此严格的环境规制会吸引清洁产业，而宽松的环境规制会吸引污染产业。例如，《北美自由贸易协定》下，不同的环保标准导致大量资金流入墨西哥的污染产业，生产要素自由流动的同时环境规制也逐渐趋同，这引起了美国环境保护主义的担忧，即美国的环境标准会不会因此逐渐下降而趋同墨西哥？因此，环境要素在决定一个产业在国际上的空间分布以及在国内地理区位选择方面具有非常重要的影响。一方面，学者们指出，环境规制会阻碍产业集聚。环境规制能够改变外商投资的区位与投资力度，挤兑企业的研发资金和费用，妨碍厂商生产率水平以及国际竞争力的提高，一定程度上阻碍了该产业的集聚。贸易自由化的进程和双边贸易协定的发展，使得环境规制能够影响自由贸易区内产业区位选择的关键因素。有学者认为，欧盟一些行业协会十分担心欧盟贸易规划对产业排放量的设定会损害某些相关产业的竞争力。另一方面，也有学者认为环境规制会产生创新补偿作用，在促进企业技术创新的同时弥补及超过生产成本上升带来的损失，进而提高产品的国际竞争力，即波特效应将有益于产业的持续集聚（Yang，2012；张晓莹 等，2014；李斌，2013；蒋伏心，2013）。

有学者从国家或省份的角度分析产业的空间集聚，也有学者从产业自身的角度来研究产业集聚问题。Midelfart-Knarvik 等（2000a）将国家和产业两个层面结合起来，在 H-O 理论的基础上引入新经济地理模型，以欧盟各国为研究背景，重点研究了国家要素禀赋与产业要素禀赋的交互作用项，包括资产强度、技术强度、技术劳动力强度如何互相吸引形成资源在空间上重新配置。本节沿用 Midelfart-Knarvik（2000b）的分析方法，利用省域和产业两个层面的合力，以中国30个省份和20个产业的交互作用项来分析各种要素禀赋和市场特征对产业集聚的影响，计算要素禀赋和市场特征的省域临界值和产业临界值。在临界值处国家层面特征将不被产业特征吸引，产业要素特征也不会被国家特征吸引。因此，各种要素禀赋的临界值与中间值、最大值与最小值的比较决定了企业行为。本节着重研究环境规制禀赋在产业集聚中的作用，即严格的省域环境规制是否会吸引碳排放低的清洁产业、宽松的省域环境规制是否会吸引碳排放强度高的污染产业以及省域环境要素发生变化时所引起的产业集聚变化。另外，将外资作为开放背景下的一种要素禀赋，从省域和产业两个层面来分析外资禀赋对污染产业和清洁产业集聚的影响；污染天堂理论在中国是否成立；出口规模作为一种市场特征，是否会加速产业集群的形成；出口规模大的省份是否会吸引出口比重大的产业，形成产业在该省的空间集聚，以及这种集聚产业是污染产业、清洁产业还是高科技产业……这些都是本节重点分析的问题。

一、产业集聚指数的测算

本部分将进一步分析环境规制作为一种要素禀赋对污染产业集聚的影响。产业集聚的程度用式(2-4)来表示：

$$s_i^k(t) = \frac{x_i^k(t)}{\sum_i x_i^k(t)} \tag{2-4}$$

式中：$s_i^k(t)$ 代表 i 省 t 年份 k 产业产值占全国 k 产业总产值的份额，可以表示为一个产业的集聚度；$x_i^k(t)$ 代表 i 省 t 年份 k 产业的产值。我们根据式(2-4)计算出1988—2012年30个省份20个产业的 s 值共15 000个观测值，代表 i 省 k 产业产值所占全国 k 产业产值的比重，并分别计算出1988—1992年、1993—1999年、2000—2005年和2006—2012年4个时段内 i 省 k 产业的平均 s 值以及每个时段平均 s 值的标准差。标准差越大意味着 k 产业在30个省份之间集聚的差异性越大，专业化分工越强；反之，专业化分工不明显。如果 s 值的标准差后一时段持续比前一时段高，说明产业 k 集聚程度持续增强，反之集聚度降低，产业在扩散，由此，我们可以判断一个产业是持续集聚、持续分散、先集聚后分散还是先分散后集聚(表2-2)。大部分产业在1993—1999年、2000—2005年两个阶段集聚态势明显，2006—2012年呈分散状态。我们根据产业单位能源排放强度的高低分成污染产业、清洁产业和中间产业。由表2-2可以看出，污染产业持续集聚的有黑色金属延压加工，有色金属延压加工；先集聚后分散的有非金属矿，电力、热力；先分散后集聚的有化学制品；持续分散的有石油加工。

表2-2　产业集聚持续态势分析

集聚态势	产业
持续集聚	食品加工制造业；纺织；造纸及纸制品；化学纤维；黑色金属延压加工；有色金属延压加工；通信计算机
先集聚后分散	饮料制造业；烟草；纺织服装鞋类；非金属矿；金属制品业；通用专用设备；交通设备；电气设备；仪器仪表；电力、热力
先分散后集聚	化学制品；医药
持续分散	石油加工

注：下画线为污染强度最强的产业。

数据来源：根据历年中国工业经济统计年鉴计算得出。

20个产业按集聚度高低依次排列如表2-3所列，高集聚度产业有化学纤维、通信计算机、仪器仪表等；低集聚度产业有电力、热力，饮料，有色金属等。清洁产业 s 值的标准差普遍高于污染产业的 s 值的标准差（图2-7），意味着清洁产业的集聚程度高于污染产业。清洁产业往往科技含量较高，如高集聚度的6个产业中有4个清洁产业（表2-3中2、3、5、6），3个高科技产业（表2-3中1、2、6），低集聚度产业中有3个污染产业（表2-3中15、18、20）。另外，图2-5和图2-6依次代表了污染产业和清洁产业 s 值的标准差，分别体现了不同时段污染产业和清洁产业的集聚度。清洁的通信计算机产业主要集聚在江苏、广东和上海，4个研究时段内这三地集聚度 s 值总值达到45.9%、53.6%、62.6%和67.6%。清洁且科技密集型的仪器仪表制造业持续高集聚度在江苏、广东、浙江和上海，这三地集聚度 s 值总和达到41.6%、60.9%、70.7%和66.5%。污染产业中，中等集聚度的黑色金属延压加工产业持续在河北、江苏两省集聚，4个时间段内两省总体集聚度持续上升依次为13.5%、17.3%、25.5%和31.2%。化学产业集中在江苏和山东，两地的 s 值分别是24.8%、24.9%、30.2%、36.9%。由此可见，江苏省产业集聚能力最强，污染产业和清洁产业集聚同时并存，几乎所有污染产业集聚度都列入全国前三位（石油加工除外）。广东省主要集聚在高科技的清洁产业，如通信计算机、电气设备。

表2-3　产业集聚程度分析

集聚程度	产业
高集聚度	<u>1 化学纤维</u>；<u>2 通信计算机</u>；3 仪器仪表；4 纺织；5 纺织服装鞋类；<u>6 电气设备</u>
中等集聚度	7 金属制品业；8 造纸及纸制品；9 化学制品；10 通用专用设备；11 食品加工制造业；12 黑色金属延压加工；13 烟草；14 非金属矿
低集聚度	15 石油加工；<u>16 交通设备</u>；17 医药；18 有色金属延压加工；19 饮料制造业；20 电力、热力

注：下画线为研发投入最大的高科技产业。

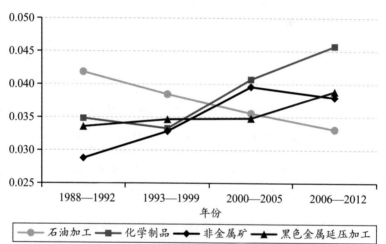

图2-5　污染产业的集聚

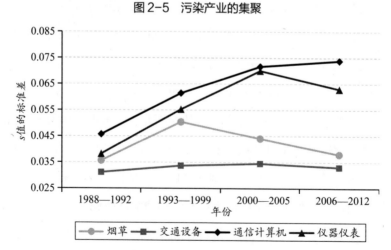

图2-6　清洁产业的集聚

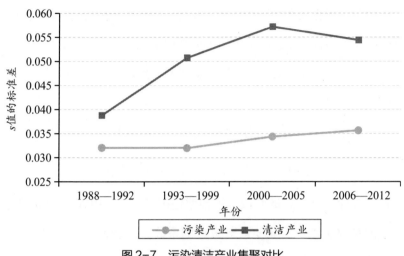

图 2-7　污染清洁产业集聚对比

　　产业要形成空间集聚需要省域要素禀赋与产业要素禀赋互相吸引。这些要素包括土地要素、资本要素、研发要素、技术要素以及环境要素等。例如，研发禀赋高的省份更容易吸引研发投入高的产业，农业禀赋高的省份更容易吸引农业中间投入高的产业。那么环境规制强的省份是否会吸引环境规制同样强的、碳排放低的清洁产业呢？江苏省作为一个科技要素禀赋高、环境规制强的经济大省，污染产业与高科技的清洁产业同时集聚，这似乎与我们的设想有出入。但是，山东省作为农业大省，其丰腴的农业要素禀赋确实吸引了食品制造这类农业要素禀赋密集的产业。而同为农业大省的湖南和云南，则集聚在农业要素禀赋密集型的烟草产业上。

　　我们加入新经济地理（NEG）理论对 H-O 理论进行补充和比较，选择的关键变量有中间产品投入所占总产出的比重、国内的销售市场占比以及规模经济等。用 x_i^j 和 y_k^j 表示省域层面与产业层面要素 j 的特征，$x_i^j y_k^j$ 表示省域和产业合力的交互作用项。对于每一个交互作用项都会存在一个省域要素 j 的中性特征 χ^j，称之为临界点，在这个临界点上省域要素不会被产业要素吸引。同样也存在一个产业要素 j 的中性特征 γ^j，在这个临界点上产业要素不会被省域要素所吸引，从而引发产业集聚行为，这里主要研究的是后一种行为，即省域要素如何吸引产业要素。我们将这些关系用下述方程来表示：

$$s_{i,k} = c + \sum_j \beta^j \left(x_i^j - \chi^j \right)\left(y_k^j - \gamma^j \right) + \varepsilon_{i,k} \tag{2-5}$$

扩展方程可得：

$$s_{i,k} = c' + \sum_j \left(\beta^j x_i^j y_k^j - \gamma'^j x_i^j - \chi'^j y_k^j \right) + \varepsilon_{i,k} \tag{2-6}$$

$$\gamma'^j = \beta^j \gamma^j, \quad \chi'^j = \beta^j \chi^j \quad c' = c + \sum_j \beta^j \chi^j \gamma^j \tag{2-7}$$

β^j 是交互作用项 $x_i^j y_k^j$ 的系数，被预期是正向的。利用式 (2-6) 估计省域要素禀赋 x_i^j 的系数 γ' 以及产业要素禀赋 y_k^j 的系数 χ'，分别求出两个临界值 χ^j 和 γ^j。为了观察省域要素投入的变化所引起的产业行为，我们对式 (2-6) 中的 x_i^j 进行求导，得到：

$$mc_{sx} = \frac{\partial\left(s_{i,k} \right)}{\partial x_i^j} = \beta^j \left(y_k^j - \gamma^j \right) = \beta^j y_k^j - \gamma'^j \tag{2-8}$$

如果交互作用系数 β^j 为正，产业要素 y_k^j 超过其临界值，即 $y_k^j > \gamma^j$，省域要素 x_i^j 投入增多会吸引产业要素 y_k^j，引起产业 k 的集聚，其他产业会被排斥，如宽松的环境政策会吸引污染密集型产业从而排斥清洁产业。因此，产业 k 要素 y_k^j 临界值 γ^j 与组内中间值（mean）、最大值（max）、最小值（min）孰大孰小尤为重要。如果产业 k 要素 y_k^j 临界值 γ^j 与产业特征的最小值接近，意味着相关国家特征的上升会吸引产业行为，乃至整个样本的产业；如果 y_k^j 临界值 γ^j 接近产业特征的最大值，意味着省域要素上升会排斥产业 k 乃至样本内所有产业；如果临界值在中间，则省域要素的上升意味着更多可选择性的公司行为，不一定是整体的上升或下降。

二、数据来源及数据描述

省域要素禀赋有农业禀赋（x_1）、技术禀赋（x_2）、研发禀赋（x_3）、环境规制禀赋（x_4）；产业要素禀赋有农业投入强度（y_1）、技术水平（y_2）、研发强度（y_3）、污染强度(y_4)。考虑新经济地理学的因素，加入省域市场规模要素（x_5、x_6、x_7，$x_5=x_6=x_7$）和产业市场要素有中间投入（y_5）、国内销售占比（y_6）、规模经济（y_7）。由于中国是典型的外向型经济，产业集聚行为受出口市场规模、外资禀赋的影响。这里我们将外资当成一种要素禀赋，将出口市场规模当成一种市场特征，即省域层面增加出口市场规模（x_8）、外资禀赋（x_9），产业层面上增加出口占比（y_8）、外资强度（y_9）。

由于对产业要素特征的计算需要当年的投入产出表，因此无论省域层面还是产业层面的要素禀赋与市场特征我们均以1998年、2003年以及2008年为研究对象。省域层面上，农业禀赋（x_1）为农业产值/GDP，技术禀赋（x_2）为高校授予学位人数/总人数，研发禀赋（x_3）为研发经费/GDP，环境规制禀赋（x_4）为各省份人均GDP，省域市场规模要素（x_5、x_6、x_7）均由GDP表示，出口市场规模由x_8表示，外资禀赋（x_9）为人均外资额。以上数据均来自1997年、2002年、2007年的《中国统计年鉴》与《中国科技统计年鉴》。产业层面上，农业投入强度（y_1）由农业中间投入/总产出表示，技术水平（y_2）为行业平均工资/制造业平均工资，研发强度（y_3）为研发支出/工业增加值[1]，污染强度（y_4）为行业标准煤排放/行业生产总值，其中行业生产总值由2000年为基准年份进行平减得来。中间投入（y_5）为行业中间投入/行业总产出，国内销售占比（y_6）为国内销售/销售总额，规模经济（y_7）为行业就业人数/城镇就业总人数，出口占比（y_8）为出口销售/销售总额，外资强度（y_9）为资本/劳动。以上数据均来自1997年、2002年、2007年投入产出表[2]、《中国工业经济统计年鉴》《中

---

① 2007年《中国科技统计年鉴》有制造业研发经费使用的数据，但1997年和2002年《中国科技统计年鉴》均只有制造业科技经费使用数据，研发经费使用数据缺失，因此文中1997年和2002年均使用的科技经费来替代研发经费。

② 根据1997年124部门投入产出表、2002年122部门投入产出表、2007年135部门投入产出表将3年的产业重新划分再计算。

国人口与劳动统计年鉴》《中国科技统计年鉴》《中国能源统计年鉴》《中国环境统计年鉴》等。将1997年、2002年和2007年各要素禀赋投入最大以及市场特征影响最大的产业甄别出来，可列出该产业集聚力最强的省份以及集聚的份额（表2-4）。以2007年的数据为例，2007年农业要素投入最强的产业是食品制造业，主要集聚在山东和河南，其中山东食品制造产业份额在全国高达25%。研发强度最大的是黑色金属产业，主要集聚在河北和江苏，其中河北集聚份额为16%。污染强度最大的为化学制品产业，主要集聚在江苏和广东。外资强度最大和出口规模最大的产业均为通信电子，主要集聚在广东和江苏。中间投入最大的化学制品产业主要集聚在江苏和山东，两地集聚份额分别为19%和17%。

表2-4　1997年、2002年和2007年要素禀赋、市场特征与产业集聚

（单位：%）

要素禀赋	农业要素			研发要素			环境要素（污染强度）			外资要素		
	2007	2002	1997	2007	2002	1997	2007	2002	1997	2007	2002	1997
要素投入最密集产业	食品制造	化学制品	黑色金属	黑色金属	黑色金属	交通设备	化学制品	化学制品	食品制造	非金属矿	通信电子	—
产业集聚度最大的省份和份额/%	山东 25	江苏 19	河北 16	河北 16	河北 16	上海 15	江苏 19	江苏 19	山东 13	山东 18	广东 37	—
产业集聚度次大的省份和份额/%	河南 9	广东 11	江苏 15	江苏 15	江苏 15	江苏 10	山东 17	广东 11	广东 10	河南 12	江苏 13	—

市场特征	国内市场占比			出口市场占比			规模经济			中间投入		
	2007	2002	1997	2007	2002	1997	2007	2002	1997	2007	2002	1997
市场特征影响最大的产业	电力、热力	电力、热力	电力、热力	通信电子	化学制品	化学制品	化学制品	纺织制品	通用专用	化学制品	化学制品	食品制品
产业集聚度最大的省份和份额/%	广东 13	广东 13	广东 14	广东 34	江苏 19	江苏 19	江苏 19	江苏 24	山东 19	江苏 19	江苏 19	山东 13
产业集聚度次大的省份和份额/%	浙江 9	山东 9	河南 9	江苏 21	山东 17	山东 17	山东 17	浙江 21	江苏 13	山东 17	广东 11	广东 10

我们将这20个产业划分为清洁产业、中间产业和污染产业,将2007年3种产业的要素禀赋和市场特征绘制成图2-8进行比较。清洁产业的农业投入强度为0.002,明显低于污染产业的0.025,不到其十分之一;但清洁产业的研发强度0.035却是污染产业的3倍;清洁产业的污染排放强度只有0.14吨标准煤/万元,而污染产业高达2.14吨标准煤/万元;污染产业的高投入低产出导致其中间投入占比达1.02,相比清洁产业只有0.61;污染产业更倾向于国内销售,而清洁产业更倾向于出口销售,其出口销售占比0.31远远高于污染产业的0.06。由此看来,中国通过出口输出国内污染品的观点似乎不成立,中国更倾向于出口高科技产业和清洁产业,出口比例分别为35.5%和31%。2002年和2007年的数据表明,此期间,更多外资涌入了我国的污染行业(1997年行业外资数据缺失)。例如,2002年清洁产业的外资强度为2.97,污染产业为1.28,中间产业为1.62,外资强度最大的产业为通信计算机产业,外资强度为5.5;2007年外资污染产业吸收外资的幅度比清洁产业要大,两者的外资强度分别达到4.64与4.21,中间产业为3.28。外资强度最大的是污染产业,如非金属矿产业和黑色金属延压与制造业,其外资强度分别为19.9和12.7。

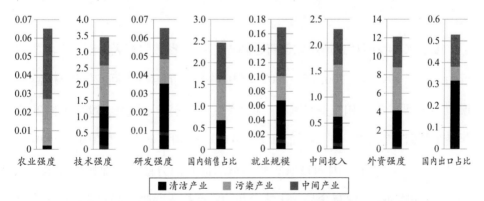

图2-8 2007年清洁产业、中间产业、污染产业要素禀赋及市场特征

三、省域、产业两层面交互作用项的计量过程和回归结果分析

接下来我们对省域要素和产业要素的交互作用项进行最小二乘计量分析。封闭经济下的模型的自变量包括1997年、2002年和2007年的农业禀赋 × 农业投入强度($x_1 \cdot y_1$)、技术禀赋 × 技术水平($x_2 \cdot y_2$)、研发禀赋 × 研发强度($x_3 \cdot y_3$)、环境规制禀赋 × 污染强度($x_4 \cdot y_4$)、市场规模要素 × 中间投入($x_5 \cdot y_5$)、市场规模要素 × 国内销售占比($x_6 \cdot y_6$)、市场规模要素 × 规模经济($x_7 \cdot y_7$)。由于篇幅有限，我们只将2007年数据分成东部、中部和西部，清洁产业和污染产业进行计量回归。开放经济模型下，因为出口销售与国内销售，环境规制与出口及外资都存在相关性(图2-9)，因此我们剔除市场规模要素 × 中间投入($x_5 \cdot y_5$)，环境规制禀赋 × 污染强度($x_4 \cdot y_4$)，增加出口市场规模 × 出口占比($x_8 \cdot y_8$)、外资禀赋 × 外资强度($x_9 \cdot y_9$)。2007年出口和外资强度与碳排放强度关系如图2-9所示，表明行业出口占比与污染排放强度为负相关，但外资强度与污染排放强度为正相关关系，污染排放强度小的清洁产业出口外销比重大；2007年外资强度小的区域更易集聚清洁产业，外资强度大的区域更易集聚污染产业。

接下来，我们观察产业如何跨越临界值 γ^j 被省域要素吸引形成产业集聚行为。对比1997年、2002年、2007年封闭经济下的全样本回归结果(模型1~模型3)表明，农业和技术禀赋对产业集聚 s 的影响并不显著。1997年和2007年各个制造业农业投入的临界值(0.13，0.07)，分别大于平均值(0.026，0.017)，意味着大部分产业会因为省域农业禀赋的提升而分散，产业集聚降低。以2007年数据为例，仅有食品、化学产业的农业投入跨越了临界值，由于省域农业禀赋的提高而产生集聚行为，其他产业均被排斥。但相对于食品制造业，化学产业受污染要素、出口市场、规模经济的影响比农业要素禀赋更加显著。

为了深入研究,我们利用 2007 年的数据和式(2-8),得出省域要素禀赋提高时,该要素最密集投入产业和最稀缺投入的产业集聚的边际效应(表 2-5)。当省域农业禀赋上升 1 个单位时,农业禀赋最密集的食品制造业集聚 s 的边际效应为 0.037,而农业禀赋最稀缺的有色金属集聚 s 的边际效应为 -0.031。

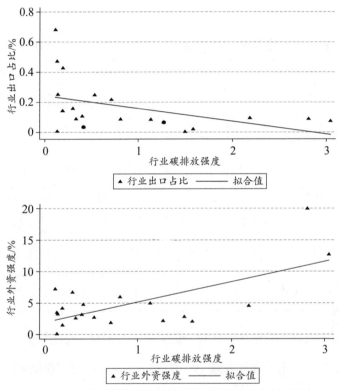

图 2-9 2007 年出口与碳排放强度关系散点图(全样本)

技术禀赋与技术水平($x_2 \cdot y_2$)的交互作用项对产业集聚 s 的影响为负且不显著,原因在于我们用行业平均工资/制造业平均工资来表示技术禀赋变量,由于我国存在一些垄断产业,如烟草,石油,电力、热力行业,市场的高准入、垄断性导致高工资,再加上研发的低投入,使得这些垄断产业不能有效反映市场竞争的规律,从而不能体现国外学术界高工资体现高技术效率的规律。研发禀赋与研发强度($x_3 \cdot y_3$)的交互作用项对产业集聚的正向影响最大。1997

年、2002年和2007年 $x_3 \cdot y_3$ 每提高1%会引起产业集聚，s 分别提高15%、7.5%和17.2%。1997年、2002年产业研发投入的临界值(−0.004，−0.03)均小于最小值(0.004，0.002)，表明所有产业都被省域研发禀赋吸引，2007年临界值(0.005)小于平均值(0.019)也表明大部分产业的研发投入能跨过临界值被省域研发禀赋吸引形成集聚(表2-6)。

表2-5　产业集聚 s 对省域要素变化的边际效应 mc_{sx}(2007年)

	农业投入		技术		研发		环境规制	
	最密集产业	最稀缺产业	最密集产业	最稀缺产业	最密集产业	最稀缺产业	最密集产业	最稀缺产业
	食品制造	有色金属延压加工	烟草	纺织	通信计算机	电力、热力	通信计算机	黑色金属延压加工
边际效应	0.037	−0.031	−1.009	−0.292	0.783	−0.056	0.015	0.006
	外资		出口		中间投入		规模经济	
	最密集产业	最稀缺产业	最密集产业	最稀缺产业	最密集产业	最稀缺产业	最密集产业	最稀缺产业
	非金属矿	纺织	通信计算机	电力、热力	化学制品	纺织服装鞋类	纺织	烟草
边际效应	0.014	0.015	0.175	−0.061	0.213	0.177	0.170	0.166

　　我们再来观察市场规模要素对产业集聚 s 的影响。封闭经济下几乎所有模型回归结果都显示市场规模要素 × 中间投入($x_5 \cdot y_5$)对产业集聚的效应为负，这意味着所有产业均不能跨越国内销售占比的临界值(1.1)。笔者认为，有可能是因为中国巨大的出口销售对国内市场销售产生了挤占效应，导致出口对产业集聚的影响更大。我们注意到，开放经济模型中，除了1997年(表2-6中的模型9)出口市场规模 × 出口占比($x_8 \cdot y_8$)对产业集聚影响不显著外，2002年模型10、2007年模型11均表现为显著，表明省域出口依存度的提高吸引了出口占比高的产业形成了空间集聚。另外，大部分模型中市场规模 × 国内销售占比($x_6 \cdot y_6$)对集聚的影响均通过了正向的显著性检验，表明市场规模越大的

表2-6 省域要素与产业要素交互作用项对产业集聚 s 值影响的计量回归结果

变量	封闭经济下			2007年					开放经济下		
	1997年 全样本 模型1	2002年 全样本 模型2	全样本 模型3	东部 模型4	中部 模型5	西部 模型6	清洁 模型7	污染 模型8	1997年 全样本 模型9	2002年 全样本 模型10	2007年 全样本 模型11
$x_1 \cdot y_1$	0.17 (0.52)	-0.01 (-0.02)	0.47 (0.78)	0.32 (0.42)	0.18 (0.22)	0.6 (0.67)	0.02 (0.02)	-0.3 (-0.42)	0.15 (0.44)	-0.18 (-0.46)	0.05 (0.08)
$x_2 \cdot y_2$	-0.16 (-0.04)	-0.43 (-0.13)	-0.39 (-0.12)	3.8 (0.98)	3.9 (0.81)	-0.11 (0.09)	-0.51 (-0.14)	6.2* (1.5)	0.8 (0.2)	5.7 (1.7)	3.1** (1.0)
$x_3 \cdot y_3$	15*** (3.6)	7.5* (1.5)	17.2* (1.7)	12.9 (1.2)	7.7 (0.63)	8.7 (0.81)	14* (-1.4)	4.2 (-0.38)	13.7*** (3.3)	8.1 (1.7)	7.4** (0.78)
$x_4 \cdot y_4$	0.000 2 (0.57)	0.002** (2.4)	0.001* (1.2)	0.002** (2.3)	0.002** (2.6)	0.002** (2.2)	0.001* (-1.9)	0.003*** (-2.9)			
$x_5 \cdot y_5$	-0.5*** (-6.4)	-0.13*** (-4.4)	-0.15*** (-7.3)	-0.15*** (-6.6)	-0.11*** (-3.4)	-0.07** (-2.2)	-0.15*** (-6.9)	-0.16*** (-3.9)			
$x_6 \cdot y_6$	0.07* (1.9)	0.05* (1.8)	0.04*** (3.1)	0.05*** (2.8)	0.03 (1.2)	0.002 (0.05)	0.05*** (-2.9)	0.06* (-1.8)	0.03 (-0.89)	0.03* (-1.4)	0.02* (1.9)
$x_7 \cdot y_7$	2.7*** (3.3)	-0.01 (-0.8)	0.03*** (4.9)	0.03*** (4.9)	0.02*** (3.4)	0.02*** (3)	0.03*** (-5.1)	0.03*** (-4.7)	2.2*** (2.8)	-0.06*** (-4.9)	-0.01** (-2.03)
$x_8 \cdot y_8$									0.2*** (7.2)	0.3*** (9.8)	0.3*** (10.5)

表 2-6(续)

变量	封闭经济下								开放经济下		
	1997 年	2002 年	2007 年						1997 年	2002 年	2007 年
	全样本	全样本	全样本	东部	中部	西部	清洁	污染	全样本	全样本	全样本
	模型 1	模型 2	模型 3	模型 4	模型 5	模型 6	模型 7	模型 8	模型 9	模型 10	模型 11
$x_9 y_9$										0.01** (−2.2)	−0.000 5 (−0.06)
c	−0.03* (−1.5)	−0.02* (−1.3)	−0.04* (−1.7)	−0.003 (−0.11)	−0.04* (−1.7)	−0.03 (−1.5)	0.03*** (−1.4)	−0.03 (−0.94)	0.01 (−0.95)	0.02 (−1.6)	0.03** (2.03)
省域变量临界点											
x_1	0.32	−0.02	0.11	0.24	0.11	0.17	2.2	−0.13	0.21	0.15	0.11
x_2	0.03	0.003	0.009	0.002	0.000 3	0.06	0.01	0.001	−0.004	0.001	0.001
x_3	0.01	0.01	0.01	0.004	0.02	0.02	0.02	0.01	0.01	0.01	0.01
x_4	7.9	1.03	1.05	1.8	0.6	0.65	1.01	1.1			
x_5	0.11	0.29	0.43	0.3	0.6	0.66	0.38	0.37			
x_6	0.29	0.26	0.38	0.4	0.24	2.9	0.26	0.1	0.02	0.27	0.37
x_7	0.14	3	4.7	−1.6	8.7	5.2	4.8	−0.4	0.09	1.01	−5.1
x_8									0.12	0.15	0.18
x_9										0.08	−0.21

表 2-6(续)

变量	封闭经济下								开放经济下		
	1997年	2002年	2007年						1997年	2002年	2007年
	全样本	全样本	全样本	东部	中部	西部	清洁	污染	全样本	全样本	全样本
	模型 1	模型 2	模型 3	模型 4	模型 5	模型 6	模型 7	模型 8	模型 9	模型 10	模型 11
产业变量临界点											
y_1	0.13	-3.1	0.07	0.09	0.17	0.11	2	-0.15	0.33	-0.13	1.4
y_2	-96.7	-31	-19.1	3.5	3.2	-110	-26	2	-2.5	1.9	3.6
y_3	-0.004	-0.03	0.005	0.004	-0.005	-0.05	-0.02	0.003	0.03	0.02	-0.02
y_4	-76	-8.2	-5.5	-2.7	-2.2	-1.3	-6	0.07			
y_5	1.1	1.6	1.1	1.1	1.3	1.8	0.99	0.94			
y_6	-8.1	-4.5	-3.8	-3.4	-4.6	-88	-2.9	-2.5	-5.2	-2.9	-2.8
y_7	-5.1	14.1	-5.1	-5.1	-6	-6.4	-4.8	-4.7	-0.07	1.6	5.4
y_8									0.11	0.001	0.18
y_9										1.5	291
R^2	0.55	0.59	0.59	0.6	0.59	0.59	0.62	0.6	0.54	0.61	0.63
观察数	600	600	600	600	600	600	600	600	600	600	600

注：*、**、*** 分别代表在10%、5%、1% 的显著水平上通过检验。

省份越能吸引中间投入占比高的产业形成产业集聚。中间投入占比高的产业具有较深、较长的价值链，能够深度关联上下游产业。模型1~模型3表明，市场规模与国内销售占比交互作用项($x_6 \cdot y_6$)每提高1%，1997年、2002年和2007年的产业集聚分别提升0.07%、0.05%和0.04%。以模型3为例，2007年所有产业的中间投入占比均能跨越临界值(−3.8)，表明省域市场规模的扩大提高能够吸引所有产业。例如，中间投入值最高的化学制品(1.1)的集聚边际效应 mc_{sx} 为0.213，中间投入值最低的纺织服装鞋类产业(0.27)的边际效应 mc_{sx} 也有0.177。

环境规制与污染排放强度(倒数)的交互作用项体现了一个环境规制严格(人均 GDP 越高)的省份是否会吸引一个清洁产业(污染排放强度倒数越大)的集聚，系数越高说明这种吸引力越大。2002年和2007年全样本数据(模型2和模型3)的环境规制禀赋与污染强度($x_4 \cdot y_4$)的交互作用项对产业集聚是正向影响的，但系数并不高。以2007年为例，严格环境规制的交互作用项每提高1%，产业集聚则提高0.001%，几乎所有产业都能跨越产业污染排放的临界值(−5.5)形成集聚，表明清洁产业和污染产业都能形成集聚。环境规制交互作用项每提高1%，污染产业集聚提升3%，清洁产业集聚提升1%(见模型7和模型8)。

接下来，我们根据2007年的数据，就省域环境要素禀赋变化对20个制造业以及污染产业、清洁产业和中间产业集聚的边际效应 mc_{sx} 依次进行计算，分别绘制成图2-10和图2-11。当省域环境规制提升时，环境规制最高的清洁产业通信计算机产业集聚的边际效应 mc_{sx} 为0.015，环境规制最稀缺的污染产业黑色金属产业集聚的边际效应 mc_{sx} 为0.006。省域环境规制提高会带来所有产业集聚边际效应的增加，对清洁产业集聚的边际效应要大于污染产业(图2-10)。我们发现，严格的环境规制没有排斥污染产业，原因在于中国的环境制度并不完善，企业污染成本并没有内部化，污染产业同时又是资本密集型且中间投入占比高的粗放型产业，尤其近年来，国外资本大量涌入国内污染密集型产业，外商引资政策并未成熟，从而导致环境规制高、经济发展迅速的省份同时大量聚集污染和清洁两种产业。

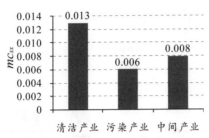

图2-10　环境规制对产业集聚的边际效应

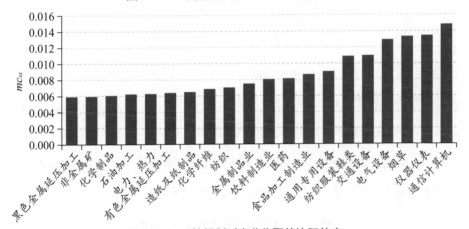

图2-11　环境规制对产业集聚的边际效应

模型9~模型11均表明1997年、2002年和2007年出口市场的交互作用项出口市场规模 × 出口占比$(x_8 \cdot y_8)$给产业集聚 s 带来的影响是正向的。出口市场交互作用项$(x_8 \cdot y_8)$每提升1%，产业集聚 s 分别上升0.2%、0.3%和0.3%。2007年出口占比临界值(0.18)略高于平均值(0.17)，说明部分产业的出口占比能跨越临界值，如纺织、金属制品业、电气设备、纺织服装鞋类、仪器仪表、通信计算机，出口占比值分别为0.22、0.25、0.25、0.43、0.47、0.68，均超过临界值形成集聚。其中，通信计算机、仪器仪表、电气设备为高科技清洁产业，没有污染产业。利用式(2-8)计算了省域出口依存度对产业集聚边际效应 mc_{sx}，如图2-12所示，省域出口依存度提高促进了清洁产业的集聚，降低了污染产业的集聚。这进一步证明中国的出口市场特征吸引的是清洁产业而不是污染产业，出口的是相对清洁产品并非污染品。

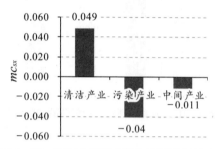

图2-12 出口市场对产业集聚的边际效应

由于缺乏1997年行业外资的数据，我们只分析2002年和2007年省域和产业层面外资交互作用项 $(x_9 \cdot y_9)$ 对产业集聚的影响。但是外资禀赋 × 外资强度 $(x_9 \cdot y_9)$ 对这两年的影响并不一致，只有2002年外资交互作用项对产业集聚产生了正向影响，2007年的计量结果并不显著。但有一点，我们可以不管外资导致的集聚是否显著，因为其确实大量流向污染产业。

表2-7 2007年全样本数据统计描述

变量	均值	最小值	最大值	变量	均值	最小值	最大值
x_1	0.123	0.008	0.295	y_1	0.017	0.000 01	0.145
x_2	0.002	0.000 5	0.005	y_2	1.126	0.661	2.479
x_3	0.012	0.002	0.054	y_3	0.019	0.002	0.051
x_4	1.045	0.344	3.092	y_4	3.109	0.328	9.099
x_5	0.594	0.051	2.011	y_5	0.833	0.319	0.997
x_6	0.594	0.051	2.011	y_6	0.783	0.271	1.103
x_7	0.594	0.051	2.011	y_7	0.008	0.001	0.021
x_8	0.213	0.037	0.903	y_8	0.167	0.003	0.681
x_9	0.216	0.001	1.383	y_9	4.815	0.083	19.949

　　本部分主要将研发、技术、农业、环境、外资作为主要的要素禀赋，并考虑国内市场、出口市场所带动的前向和后向的需求、中间投入和规模经济等因素。研究结果显示，研发禀赋对产业集聚的正向效应都是最大的，但只对清洁产业集聚有显著的效应，污染产业并不受研发禀赋的影响。随着研发密集型产业进入研发人员丰富的上海、北京、江苏等地，研发密集型产业的区位越来越依赖省域研发人员要素禀赋的密集度。外资同时流向污染产业和清洁产业，但流向污染产业的趋势更为明显。外资禀赋的交互作用项对2002年产业集聚有显著影响，对2007年没通过显著性检验。不管外资导致的集聚是否显著，但确实大量流向污染产业，污染天堂理论成立。省域出口依存度的提升会提高清洁产业集聚的边际效应，对污染产业集聚边际效应为负，证明中国的出口市场因素吸引的是清洁产业而不是污染产业，出口是相对清洁产品并非污染品。省域农业要素禀赋的投入排斥了大部分产业的集聚。原因在于我们研究的样本是制造业，制造业与农业在投入本身就是排斥的。大部分产业会因为省域农业禀赋的提升而分散，产业集聚降低，农业要素密集型的食品制造业仅在山东省形成了集聚。我们发现，各个要素禀赋和市场因素的驱动使得产业在中国空间集聚的区位有很大的重叠性。各种要素投入最密集型的产业几乎都集聚在江苏、广东、山东、河北、上海和浙江等东部地区，组成了中国产业集聚的中心区位，而这些中心区位对那些产业链价值高的产业，即中间投入比例高的产业具有越来越强的吸引力。

　　环境规制作为一种要素禀赋是企业选择区位时所考虑的重要因素。一个环境规制高的省份是否会吸引一个环境规制高即污染排放低的清洁产业集聚呢？研究表明，环境规制高的省份不但吸引清洁产业，也吸引污染产业。省域层面环境规制禀赋与产业层面污染强度的交互作用项（$x_4 \cdot y_4$）对污染产业集聚的效应大于清洁产业。也就是说，中国的环境规制并不排斥污染产业。环境规制高的省份(如江苏,既吸引污染排放强度高的污染产业,又吸引污染排放低的清洁产业,同时大量吸引外资进入污染产业和清洁产业。笔者认为其原因在于,江苏省是通信计算机产业和化工产业集聚选择的中心区位,同时这两个产业分别又是污染产业和清洁产业的代表。之所以出现这种情况,笔者认为:首先,中国环境制度本身的不健全,企业缺乏污染成本内部化的约束机制与动力机制;其次,近年来,外资涌入污染产业的幅度大于清洁产业,推动了污染产业的集聚;最后,污染产业一般是中间投入大的粗放型产业,例如,化工产业的中间投入比重大,产业链价值较高,密切联系上、下游的产业,由此导致该产业前向、后向产业相互吸引形成集聚。

中国的经济结构总体失衡,地区经济发展不平衡,二元经济现象严重,导致要素分布不均匀。东部经济发展较为合理稳定,出口行业以自身集聚度高的优势产业为主,而中部的出口结构波动幅度最大。外资引资政策存在不合理性,重复建设,环境规制低下更是使得大量外资涌入污染产业,使中国成为吸引不合理外资的污染天堂。值得注意的是,中国的出口产业倾向于清洁产业,出口市场要素对清洁产业集聚的效应要大于污染产业。另外,出口市场交互作用项对产业集聚的正向效应要远远大于国内市场规模。这表明,产业集聚的形成更多是因为被出口外销带动导致,较少地被国内市场销售影响,进一步说明中国市场经济的外向性。如果出口市场因为国际经济受到波动,本国产业的发展会受到很大影响。

第三节　环境要素禀赋对中国污染产业出口模式的影响

环境要素禀赋不但影响贸易投资的流向,还能够影响贸易模式。发达国家严格的环境规制增加了其污染密集型产品的生产成本,企业为躲避本国严格的环境标准，将污染密集型产业通过 FDI 的方式转移到劳动力价格便宜、环境规制相对宽松的发展中国家，导致发展中国家沦为发达国家的"污染避难所"或"污染天堂"。由于环境规制是一个内在化的成本，环境规制越严格意味着环境成本越高，有可能会降低污染品的出口竞争力（Popp et al.，2009)，而环境规制松散的国家在生产污染品方面具有更高比较优势，越倾向于出口污染品密集型产品（Hamamoto，2006）。

Mulatu (2004)指出环境规制成为一种新的贸易壁垒，当发展中国家污染强度增长时，经济合作与发展组织（OECD）国家环境规制加强，有利于阻止环境规制松散国家污染强度高的产业进入环境规制较强的国家。Managi 等(2009)指出，环境规制是保护国内产业的一种方式，会影响到该国的贸易流向，两个环境规制都严格的国家容易产生更大的贸易量，同样，两个环境规制都松散的国家也更容易发生贸易，但贸易额和贸易积极影响均要小于前者（Wu et al.，2012）。环境规制不仅会改变贸易的方向，还能改变贸易的模式，即两国之间污染品贸易的产业内贸易和产业间贸易的构成。Tobey (1990)将环境规制纳入 Heckscher-Ohlin-Samuelson 定理（H-O-S 定理）的理论框架，把环境规制当成一种要素禀赋，构成出口产品的比较优势，并指出，两国之间，环境规制差异越大的国家越容易发生产业间贸易，但该理论无法解释第二次世界大战后规模相似、要素禀赋相似国家之间发生的双向贸易现象(产业内贸易与产业间贸易并存)。

我国学者在研究环境规制与贸易关系的时候，主要围绕两个方面：第一，关注环境规制是否对污染产业国际直接投资流向产生影响，即"污染天堂"理论是否存在(曾贤刚，2010；李小平 等，2010；彭水军，2010)；第二，环境规制的成本对企业技术创新以及绿色全要素生产率的双重作用包括"挤兑效应"和"补偿效应"两方面。环境规制在越过某一门槛值后，其"补偿效应"不能抵消企业环境成本的上升，在降低其国内竞争力水平的同时也会影响企业的出口比较优势和出口竞争力(傅京燕，2014)。由此可见，国内研究要么集中在环境规制与投资流向方面，要么集中在环境规制、企业技术创新与贸易竞争力方面，贸易量仅仅作为一个间接要素纳入模型框架，直接分析环境规制与贸易流量的文献很少，而对贸易模式的研究几乎没有。本文的创新之处在于选择了352对发达国家与发展中国家的贸易关系，逐一分解每一对南北关系的贸易总量、贸易模式，直接具体地剖析环境规制对南北贸易总量、贸易模式(包括产业内贸易与产业间贸易)的关系。首先，我们将 Tobey (1990) 的研究做了一个延伸，把仅包含两种产品、两种要素的 H-O-S 模型扩展至 n 种商品，s 种要素的 H-O-V 模型 ($n > 2$，$s > 2$)。同时，检验在传统比较利益模型和新贸易理论框架下环境规制对贸易总量、贸易模式和贸易流向的影响。其次，我们在新贸易理论下对环境规制与贸易模式的关系进行深入探讨，对16个发达国家、22个发展中国家的352对南北对象的四大污染产业内贸易份额进行了计算，从需求和供给方面对这352个截面数据进行回归，重点研究了两国之间环境规制要素差异对污染品括产业内贸易份额(IIT)、产业间贸易份额的影响。

一、要素禀赋、环境规制对污染产业净出口总量的影响

四大污染产业包括化学品、造纸、钢铁和有色金属部门，其贸易数据均来自联合国 Cometrade 网站。我们将四大污染产业排放的污染品合并成总污染品，并对各产业的污染排放量进行对比分析。由表2-8可知，全样本内53个国家总污染品净出口上升迅速，从1995年的 8 461亿美元上升到2011年的28 649亿美元，2012年略有下降，为25 946亿美元，年均增速达到7.2%。其中，化学品(不包括医药产业)净出口占污染产业总出口比重最高，其次为钢铁产业。样本内发展中国家的污染品出口自2000年以来开始大幅度增长，增幅高达13.7%，高于发达国家的7.6%。尤其是经济危机后，发达国家污染产业出口增长幅度下降为4.2%，而发展中国家仍然保持9.8%的高速增长。

表2-8　1995—2012年53个国家污染部门净出口数据

(单位：亿美元)

年份	全样本					发展中国家	发达国家
	有色金属	造纸	钢铁	化学品	总污染品	总污染品	总污染品
1995 年	890	1 094	1 647	4 830	8 522	1 348	7 153
1997 年	889	1 032	1 644	5 090	8 704	1 427	7 259
1999 年	859	1 108	1 566	5 690	9 268	1 398	7 851
1995—1999 年均增速	-0.9%	0.3%	-1.3%	4.2%	2.1%	0.9%	2.4%
2000 年	992	1 155	1 723	5 935	9 848	1 732	8 089
2002 年	929	1 178	1 782	6 258	10 210	1 817	8 362
2004 年	992	1 155	1 723	5 935	9 848	1 732	8 089
2005 年	929	1 178	1 782	6 258	10 210	1 817	8 362
2000—2005 年均增速	-1.3%	0.4%	0.7%	1.1%	0.7%	1.0%	0.7%
2006 年	2 641	1 667	4 345	11 186	19 897	4 626	15 207
2008 年	2 963	1 992	6 634	14 357	25 986	6 995	18 854
2009 年	2 044	1 706	1 706	11 691	17 237	4 062	13 113
2010 年	2 641	1 667	4 345	11 186	19 897	4 626	15 207
2011 年	3 340	2 081	6 252	16 976	28 718	8 212	20 426
2012 年	2 963	1 992	6 634	14 357	25 986	6 995	18 854
2006—2012 年均增速	1.9%	3.0%	7.3%	4.2%	4.6%	7.1%	3.6%
2000—2012 年均增速	9.5%	4.6%	11.9%	7.6%	8.4%	12.3%	7.3%
1995—2012 年均增速	8.3%	4.1%	9.7%	7.5%	7.7%	11.6%	6.7%

表2-8将1995—2012年的研究时段分成3个阶段，1995—1999年，总污染品净出口增长率最低，仅为2.1%，其中有色金属、钢铁部门出口呈负增长状态。从2000年开始至2005年为止，污染产业总体增长速度最快，达到8.6%，但2006年开始的世界经济危机导致四大污染产业的净出口(钢铁产业除外)增速均呈现出下降趋势，其中造纸产业出口下降趋势最明显。样本内发展中国家

的污染品出口自2000年以来开始大幅度增长，增幅高达13.7%，高于发达国家的7.6%。1995年，发展中国家污染品净出口是发达国家总规模的18.8%，到2011年占到40.2%，2012年上升至37.1%。尤其是经济危机后，发达国家污染产业出口增长幅度下降为4.2%，而发展中国家仍然保持9.8%的高速增长。例如，美国、日本、德国、法国的污染品出口增产率年均依次为6.3%、5.5%、4.4%和3.6%，发展中国家如中国、墨西哥、南非、印度污染品出口增长率依次为14.4%、6.4%、9.6%和13.6%。根据相关数据绘制核密度图（图2-14），其中图2-13的前三个分图均为总污染品净出口核密度分布，样本国家分别是发达国家，代表欧盟、美国和日本；发展中国家代表中国、巴西、墨西哥和南非，研究年份为2000—2012年。图2-13的第四个分图中，我们取对数后绘制成1995—2012年54个国家四大污染产业和总污染产业的核密度分布。

从图2-13中可以看出，四大污染产业和总污染部门1995—2012年的净出口态势基本为正态分布，其中有色金属净出口最符合标准正态分布。总污染品出口的峰值稍微偏离正态分布，取对数后的峰值在24左右分布的概率最高达到0.2。四大污染产业和总污染品的净出口核密度图均出现峰尾稍稍向左偏离，峰尾右侧比左侧陡峭的现象，说明几乎所有污染品的净出口在达到最高峰值后上升幅度明显下降，高于24的分布值概率明显降低，说明全样本国家污染产业净出口在达到某点后上升幅度下降明显。相对于发展中国家，发达国家的总污染品部门净出口的核密度分布更符合正态分布，其中日本污染品出口值最小，峰值在1 000亿美元左右达到最大概率分布点为0.000 8，美国的总污染品约在2 500亿美元左右分布最集中，概率为0.000 6。四国中，中国总污染品出口数值最大，净出口为1 000亿美元的分布概率密度最大，为0.000 4，南非污染品出口数值最小，净出口约在200亿美元处分布概率密度最大为0.057。

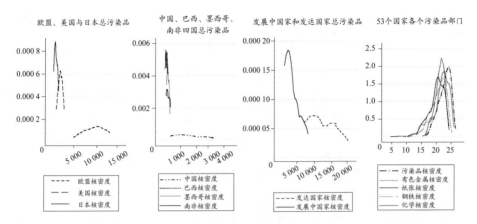

图2-13　1995—2012年样本内国家总污染品和四大污染品产业净出口核密度图分布

下面我们将中国和印度两国总污染品的出口进行测算与对比。中国和印度是世界上最大的发展中国家，拥有世界上最大的人口，将这两个国家进行对比具有一定的科学性。中国总污染品的出口远远大于印度，2000年是印度的4.96倍，2014年达到印度的6.5倍（表2-9）。究其原因，中国属于制造业大国，制造业出口全世界排在第一位，而印度以服务业为主，服务外包在全世界占据极其重要的地位。要降低出口中的污染含量，中国需要调整产业结构，大力发展服务业，尤其是知识含量密集型的生产性服务业。

表2-9　2000—2014年中国和印度污染品出口对比

（单位：亿美元）

年份	总污染品		化学品		钢铁		造纸		有色金属	
	中国	印度	中国	印度	中国	印度	中国	印度	中国	印度
2000年	402.7	81.1	259.9	53.3	90.7	20.9	18.4	2.2	33.7	4.7
2001年	804.4	162.3	283.5	56.5	82.5	19.6	19.7	2.4	33.1	5.3
2002年	485.4	102.2	326.6	65.5	95.7	25.6	23.2	3.1	39.9	7.9
2003年	849.5	154.6	409.7	75.7	128.6	38.3	30.1	3.2	54.3	9.0
2004年	908.5	172.0	531.0	99.4	252.1	55.3	37.8	4.1	87.6	13.2
2005年	890.3	158.3	683.0	126.7	50.8	5.6	50.8	5.6	105.7	20.6

表 2-9(续)

年份	总污染品		化学品		钢铁		造纸		有色金属	
	中国	印度	中国	印度	中国	印度	中国	印度	中国	印度
2006 年	1 572.1	284.6	804.6	152.4	519.2	84.2	68.4	6.0	180.0	42.0
2007 年	2 073.7	323.4	1 015.1	167.8	767.0	104.4	91.3	6.8	200.2	44.4
2008 年	2 579.7	360.7	1 247.7	207.2	1 018.9	143.9	102.9	7.9	210.2	1.7
2009 年	1 365.6	220.5	1 025.5	175.8	99.3	7.5	99.3	7.5	141.5	29.6
2010 年	2 440.1	454.9	1 424.0	235.4	680.8	133.6	122.7	10.0	212.6	75.9
2011 年	3 211.0	509.7	1 869.5	299.0	910.7	144.3	160.1	12.5	270.7	54.0
2012 年	3 351.2	542.5	1 966.1	322.7	932.7	153.8	182.0	12.7	270.3	53.3
2013 年	3 933.6	621.3	2 284.6	366.0	1 122.1	178.8	217.5	14.6	317.9	63.2
2014 年	4 617.3	711.5	2 654.8	415.0	1 349.8	208.0	259.9	16.8	373.8	74.9

我们在 H-O-V 模型的框架下，将一个国家污染部门的净出口作为模型的被解释变量，将各个要素禀赋当成解释变量进行回归分析，得：

$$W_{(it)_j} = \left(b_{i1t}V_{i1t}\right)_j + \left(b_{i2t}V_{i2t}\right)_j + \left(b_{i3t}V_{i3t}\right)_j + \left(b_{i4t}V_{i4t}\right)_j + \cdots + \left(b_{ikt}V_{ikt}\right)_j$$
$$i = 1, \cdots, N \qquad j = 1, \cdots, T \tag{2-9}$$

这里 $W_{(it)_j}$ 代表 i 国 j 部门 t 时期向全世界的净出口额，$i = 1, \cdots, 53$，即样本国，$j = 1, \cdots, 5$，分别为化学、钢铁、造纸、有色金属和总污染品部门，V_{ikt} 表示第 k 种要素禀赋，b_{ikt} 为各个变量的系数 ($k = 1, \cdots, s$)，研究时段为 2000—2011 年，$t = 2000, \cdots, 2011$ (因为某些变量年份数据的缺失，我们选择 2000—2011 年作为面板数据分析的时间段)。本研究将环境规制作为要素禀赋的一种，与资本、土地、劳动、能源等其他因素来分析一国要素禀赋对污染品出口的影响。用环境绩效指标 (L_{epi}) 与人均能耗变化率 (L_{envpol}) 作为环境规制的替代变量，人均资本存量、人均耕地指标分别作为资本和土地要素的替代变量。由于非熟练劳动力数据缺失，我们采用高等院校入学率来替代熟练劳动表示整个社会的劳动要素禀赋，加入人均 GDP 影响因子作为控制变量。人均资本存量、人均耕地面积、高等院校入学率、人均 GDP 数据均来源世界银行网站处理得出。由于污染产业的出口滞后项会明显影响当期污染品出口的变化，我们采用一阶差分动态面板广义矩（GMM）的计量分析方法。实证分析结果如表 2-10 所示。

面板数据存在比较明显的自相关，加入因变量的滞后 1 期的所有模型均不能通过二阶自相关检验 [ar(2)]，因此，文中同时列入被解释变量的滞后 1 期和滞后 2 期作为其本身的影响因子，为了控制宏观经济变化外来因素对被解释变量的影响，加入 2000—2011 年时间虚拟变量作为控制变量。环境规制的内生性引入模型，同时分步骤考虑环境规制的内生性与环境规制的外生性问题。如果环境规制是内生变量，意味着环境规制和污染部门净出口相互影响，也表明环境规制变量与模型当期干扰项相关。如果当期干扰项影响了后续环境规制变量，理论上将环境规制当作先决变量来处理更好（模型 2）。

另外，EPI 环境绩效指标构建体系有其特定性，主要由一国环境可持续性和环境疾病负担、水对人类的影响、空气污染对人类的影响、空气污染对生态系统的影响、水对生态系统的影响等因素加权构成，因此我们认为该指标是外生的，而人均能耗增长率（ENVPOL）有可能与当期或者前期的干扰项相关，因此有可能是内生的。为了得到更小的误差，我们对所有模型（模型 9 和模型 10 除外）均采用两阶段纠偏稳健性估计方法。我们对总污染品净出口（L_{poll}）、化学品净出口（L_{chem}）、钢铁净出口（L_{iron}）、有色金属净出口（L_{ferr}）、造纸业净出口（L_{pape}）人均资本存量（L_{capip}）、人均 GDP（L_{gdpp}）变量全部取对数，人均能耗变化率（L_{envpol}）、熟练劳动（$L_{ski-lab}$）、人均耕地（L_{landp}）由于本身为比例所以不取对数。因为对相关变量取对数后造成了一些缺失值，使面板中可观察数据相应减少。

表2-10　2000—2011年54个国家环境规制等对四大污染产业出口的影响

解释变量	GMM（外生）(1)	GMM（先决）(2)	GMM（内生）(3)	GMM（内生）(4)	GMM（内生）(5)	GMM（内生）(6)	GMM（内生）(7)	GMM（内生）(8)	fe(9)	re(10)
被解释变量	L_{poll}	L_{poll}	L_{poll}	L_{chem}	L_{iron}	L_{ferr}	L_{pape}	L_{exrat}	L_{poll}	L_{poll}
$L_{poll}(-1)$	0.09*** (11.4)	0.17*** (41.4)	0.17*** (39.3)							
$L_{chem}(-1)$				0.3*** (37.1)						
$L_{iron}(-1)$				-0.3*** (-30.0)						
$L_{ferr}(-1)$					-0.04*** (-22.9)					
$L_{pape}(-1)$							0.2*** (45.4)			
$L_{exrat}(-1)$								0.1*** (11.6)		
L_{envpol}	27.6*** (7.2)	36.6*** (9.3)	35.6*** (9.6)	2.7* (1.9)	33.1*** (8.7)	12.7** (2.6)	-2.9 (-1.5)	1.7*** (2.9)	4.8 (0.7)	5.6 (0.96)
$L_{ski\text{-}lab}$	0.01*** (6.9)	0.01* (6.7)	0.01*** (4.2)	0.005*** (6.3)	0.01*** (6.5)	0.01*** (7.3)	-0.004*** (5.2)	0.0001 (0.7)	0.01*** (3.1)	0.01*** (3.6)
L_{capip}	0.2*** (12.6)	0.1*** (8.0)	0.07*** (4.7)	-0.06** (-2.2)	0.04 (1.07)	1.4 (84.6)	0.5*** (83.7)	0.006** (1.9)	0.54*** (6.4)	0.64*** (9.9)
L_{gdpp}	-0.13*** (-7.95)	-0.17*** (-21.9)	-0.18*** (-24.8)	-0.004 (-0.51)	-0.02** (-4.9)	0.1*** (-8.6)	0.06*** (35.5)	-0.01*** (-7.3)	0.39 (0.32)	0.04 (0.85)
L_{landp}	0.4 (0.5)	-0.7 (-0.7)	-0.24 (-0.3)	0.03 (0.17)	0.15 (0.27)	2.6*** (11.9)	-0.6 (-1.6)	-0.05 (-0.76)	0.4 (0.32)	-0.4 (-0.5)

解释变量	GMM(外生)(1) L_{poll}	GMM(先决)(2) L_{poll}	GMM(内生)(3) L_{poll}	GMM(内生)(4) L_{chem}	GMM(内生)(5) L_{iron}	GMM(内生)(6) L_{ferr}	GMM(内生)(7) L_{pape}	GMM(内生)(8) L_{exrat}	fe(9) L_{poll}	re(10) L_{poll}
L_{epi}	-0.008*** (-8.7)	-0.005*** (8.6)	-0.005*** (9.7)	0.004*** (15.8)	-0.003 (1.63)	0.02*** (21.3)	0.007*** (25.9)	-0.000 2* (-1.95)	0.01 (4.7)	0.01 (4.0)
L_{year}	0.09*** (23.3)	0.09*** (32.2)	0.09*** (34.3)	0.07*** (23.1)	0.08*** (12.0)	0.04*** (10.9)	0.02*** (10.8)	0.007*** (13.5)	无	无
c	-170*** (-21.5)	-157*** (-29.1)	-168*** (-31.4)	-129*** (-22.6)	-132*** (-10.2)	-96*** (-13.5)	-35*** (-10.4)	-13*** (-13.9)	8.1*** (4.4)	5.9*** (4.3)
L_{sargan}	46.8 (0.678)	47.1 (0.998)	48.6 (0.994)	42.9 (0.999)	39.7 (0.995)	44.6 (0.999)	46.2 (0.996)	35.4 (0.999)		
ar(1)	-3.2 (0.002)	-3.2 (0.001)	-3.2 (0.001)	-2.9 (0.004)	-3.9 (0.000 1)	-3.3 (0.001)	-1.9 (0.05)	-3.5 (0.000 5)		
ar(2)	0.82 (0.41)	0.89 (0.37)	0.86 (0.39)	-0.91 (0.36)	-0.63 (0.53)	0.49 (0.62)	-1.1 (0.28)	0.15 (0.88)		
R^2									0.66	0.68
F值									50.6 (0.00)	416.3 (0.00)
工具变量	70	132	123	123	111	123	123	123		
观察值	427	427	427	408	326	425	422	426	585	585
横截面	54	54	54	54	54	54	54	54	54	54

注：*、**、*** 分别代表在 10%、5%、1% 的显著水平上通过检验。

模型1~模型3的被解释变量均为总污染品净出口，从这3个模型的 L_{sargan} 值看，将环境规制（L_{envpol}）作为一个内生变量或者先决变量更合理，因此，在随后的模型中，我们均将境规制（L_{envpol}）当成内生变量处理。模型4~模型6的被解释变量分别是化学品、钢铁、有色金属和造纸的净出口。我们发现，几乎所有的模型里环境规制（L_{envpol}）与污染品的出口均为正相关关系，以模型3为例，总污染品出口滞后1期每提高1%，当期净出口即提高35.6%，这说明一国如果环境规制宽松（人均能耗变化率 L_{envpol} 递增），总污染品出口总量（L_{poll}）越大。随后去除掉时间趋势，用固定效应模型（模型9）与随机效应模型（模型10）重新研究，回归结果显示 L_{envpol} 与 L_{poll} 仍然为正相关关系，证明我们模型设定的合理性以及结果的稳定性。

对于具体污染产业部门来说，环境规制（L_{envpol}）对钢铁产业影响系数最大，为33.1%，对化学产业影响系数最小，仅为2.7%，对造纸产业的影响不显著。接下来，我们观察该指标对总污染品出口增长率（L_{exrat}）的影响。以1995年污染品出口为基期，求得样本内国家每年污染品的年均增长率（L_{exrat}），结果显示 L_{envpol} 每提高1%，总污染品出口年均增长率（L_{exrat}）也提升1.7%，但对出口增长率（L_{exrat}）的影响系数远远小于对出口总量（L_{poll}）的影响（见模型8）。

如果我们将环境绩效指标 L_{epi} 当作环境规制的代理变量，依然能得到相同的分析结果，即环境规制越宽松（L_{epi} 越小），污染品净出口越多，净出口增长率越大。另外，人均 GDP（L_{gdpp}）与总污染品出口（L_{poll}）呈负相关关系，进一步说明了人均 GDP 越高的国家具有越高的环境规制。但是，对于具体的污染品部门而言，L_{epi}、L_{gdpp} 两变量对化学、钢铁、有色金属、造纸四大污染产业的净出口影响系数的正负关系并不一致。

其他要素禀赋如劳动要素（熟练劳动 $L_{ski-lab}$）、资本要素（人均资本存量 L_{capip}）、资源要素（人均耕地面积 L_{landp}）同样对污染品净出口具有相当重要的作用。以模型3为例，熟练劳动（$L_{ski\text{-}lab}$）每增加1%会使总污染品出口（L_{poll}）提升0.01%，人均资本量（L_{capip}）每提高1%会带来总污染品出口提升0.07%。人均耕地面积与污染品净出口没有出现显著相关，仅与有色金属出口显著地正相关（模型6）。另外，模型1~模型8的时间虚拟变量均显著地通过了统计检验，表明时间虚拟变量设置的正确性。

为了进一步考察资源禀赋对污染品出口的影响，我们加入石油（oil）、天然气（gas）、煤炭（coal）三种能源消耗量作为资源禀赋的代理变量。由于三种变量缺失了很多样本国数据，且只能搜集到2002年，因此，我们在表2-11中单独对其进行分析。表2-11所示为36个国家2002—2011年的面板数据，对表2-11中所有的模型均采用固定效应模型（RE）分析能源资本对污染品出口的影响。由于解释变量和被解释变量单位均是统一的，对于所有变量不再取对数。3个指标的数据来自历年的国际能源统计年鉴，从表2-11中的结果来看，3种能源消耗对污染品出口影响最大的是天然气，最小的是石油。我们把3种能源看成是能源资本，资本要素可以看成是物质资本，因此模型4~模型6中加入资本要素（L_{capip}）作为控制变量，能够比较两种资本对污染品出口的影响。以模型4为例，天然气、煤炭消耗每提高1%，总污染品出口（L_{poll}）分别提高8.5%和1.8%。我们发现石油（oil）对污染品出口（poll）的影响在模型1中系数为正，在模型4中的系数却为负，笔者认为这有可能是因为石油消耗与煤炭消耗存在共线性的问题所致。3种能源消耗对化学品出口的影响系数（L_{chem}）最高，而资本存量对钢铁产业出口的影响系数（L_{iron}）最大，对造纸业出口的影响系数（L_{pape}）最小。

二、要素禀赋、环境规制对污染产业贸易出口模式的影响

接下来，我们分析环境规制在南北贸易中之间的贸易总量、贸易流向和贸易模式的影响。新贸易理论认为，两国之间要素禀赋差异越小，需求偏好差

异越小，两国之间越容易发生产业内贸易，反之越容易发生产业间贸易。对于产业内贸易指数的构建，我们引入了 Grubel 等(1975)所提出的 IIT 指数，用以对国家 j 和国家 k 之间四大污染产业以及总污染品的产业内贸易份额进行测量。

$$IIT_{jk} = \frac{2\sum_i \min(X_{ijk}, X_{ikj})}{\sum_i (X_{ijk}, X_{ikj})} \tag{2-10}$$

表 2-11　三大能源消耗对四大污染产业出口影响的固定效应分析（RE）

解释变量	被解释变量							
	(1)	(2)	(3)	(4)	(7)	(5)	(6)	(7)
	L_{poll}	L_{poll}	L_{poll}	L_{poll}	L_{chem}	L_{iron}	L_{ferr}	L_{pape}
L_{oil}	0.27***			−0.6***	−0.4***	−0.2**	−0.03**	−0.03***
	(−6.5)			(−8.3)	(−10.4)	(−6.6)	(−2.2)	(−7.2)
L_{gas}		18***		8.5***	5.8***	2.3***	0.8**	0.4***
		(14.6)		(5.7)	(7.4)	(3.5)	(2.4)	(3.8)
L_{coal}			2.4***	1.8***	1.1***	0.4**	0.06	0.09***
			(11.8)	(4.3)	(5.1)	(2.3)	(0.64)	(3.4)
L_{capip}				0.14***	0.08***	0.09***	0.01***	0.009***
				(11.7)	(13.2)	(11.6)	(4.9)	(11.1)
c	−14	−385***	288***	527***	326***	129***	31	46.6***
	(−0.2)	(3.5)	(14.7)	(4.1)	(4.9)	(2.3)	(1.1)	(5.6)
R^2	0.42	0.35	0.30	0.6	0.7	0.5	0.22	0.30
F 值	41.6***	212***	139***	107***	170***	80.7***	19.1***	55.8***
观察值	350	350	340	339	339	339	339	326
横截面	35	35	34	34	34	34	34	54

注：*、**、***分别代表在 10%、5%、1% 的显著水平上通过检验。

IIT_{jk} 代表国家 j 和国家 k 所有产业的产业内贸易份额，其中 X_{ijk} 是国家 j 到国家 k 产业 i 的出口，X_{ikj} 代表国家 k 从国家 j 产业 i 的出口，借鉴 Hummels 和 Levinsohn（1995）的思想，式(2-10)被写成：

$$IIT_{jk} = \frac{INTRA}{INTRA + INTER} \qquad (2\text{-}11)$$

其中，$INTER$ 代表两国产业间贸易，$INTRA$ 代表两国产业内贸易。如果两个国家都有相同的资本劳动比，贸易将不会因为相关要素禀赋差异而驱动，因此产业间贸易（$INTER$）会为0，产业内贸易份额（$INTRA$）会为1。相反，如果存在资本劳动比的差异，产业间贸易会上升，产业内贸易会减小。两个国家之间的资本劳动比越大，产业间贸易份额会上升，产业内贸易份额会下降。同样，环境规制差异越大，产业间贸易越大，产业内贸易越小。这种思想可以在新贸易理论的框架下，由下式表示：

$$IIT_{jl} = \beta_0 + \beta_1(capip^j - capip^l) + \beta_2(landp^j - landp^l) + \beta_3(envpol^j - envpol^l) +$$
$$\beta_4(epi^j - epi^l) + \beta_5(gdpp^j - gdpp^l) + \beta_6 \min(gdpp^j, gdpp^l) +$$
$$\beta_7 \max(gdpp^j, gdpp^l) + \varepsilon_{jl} \qquad (2\text{-}12)$$

我们利用式 (2-10) 和式 (2-11) 计算了2012年16个发达国家、22个发展中国家之间的352对南北贸易关系污染品部门 i 的产业内贸易份额 IIT_{jki}。IIT_{jl} 是我们模型中的被解释变量，用以衡量国家 j 和国家 l 在污染部门 i 之间的产业内贸易的份额。解释变量 $capip^{j/l}$ 代表国家的人均资本存量，$landp^{j/l}$ 代表人均土地要素禀赋，$\min(gdpp^j, gdpp^l)$ 代表两个贸易国家中更小的人均 GDP，而 $\max(gdpp^j, gdpp^l)$ 代表两个贸易国中更大人均 GDP。我们用人均资本存量、人均土地要素来表示供给，人均 GDP（L_{gdpp}）代表消费偏好，即需求。当贸易双方中人均 GDP 较小的国家人均 GDP 越小，人均 GDP 较大的国家人均 GDP 越大的话，两国之间的人均 GDP 差异也就越大，因此，人均 GDP 差异、人均 GDP 的更小者（L_{mingdp}）、人均 GDP 的更大者（L_{maxgdp}）都是污染品出口总量及 IIT 指数的影响因子。我们的自变量包括取对数后的两国之间人均资本差异（$L_{capipcy}$）、人均 GDP 差异（L_{gdppcy}）、更小人均 GDP（$L_{mingdpp}$）、更大人均 GDP（$L_{maxgdpp}$）；人均土地面积差异（L_{landcy}）、人均能耗增加率差异（$L_{envpolcy}$）、环境绩效指数 EPI 差异(L_{epicy})本身数值较小或为比例，因此不取对数。表2-12中10个模型的被解释变量分别为总污染品产业内贸易指数(IIT_{po})，化学品、钢铁、有色金属、造纸业产业内贸易指数(IIT_{ch}、IIT_{ir}、IIT_{fe}、IIT_{pa})，样本内亚洲发展中国家、美洲发展中国家、非洲发展中国家与发达国家总污染品产业内贸易指数(IIT_{as}、IIT_{am}、IIT_{af})，取对数后的发展中国家对发达国家总污染品出口额(L_{exfaza})、发达国家对发展中国家总污染品出口额(L_{exfada})。由于缺少2012年的人均能耗变化率(L_{envpol})数据，这里笔者采用2011年的数据计算进行替代。

研究结果表明，资本要素禀赋差异性越大，污染品贸易总量也越少(模型6和模型7)，但对总污染品产业内贸易 IIT 指数的影响并不显著，只有钢铁产业和造纸产业是显著的，意味着南北人均资本要素差异($L_{capipcy}$)越大，造纸业贸易的 IIT 指数越小，产业内贸易程度越高。就土地供给要素而言，一般来说，发展中国家人均土地面积较高，发达国家人均土地面积较低，研究结果表明，南北人均土地要素的差异($L_{landpcy}$)会导致污染部门产业内贸易份额增加。人均 GDP 差异(L_{gdppcy})对南北污染品 IIT 指数的影响为正但并不显著(模型1、模型8~模型10)，但对出口总额的影响显著为正。尽管人均 GDP 的影响不明显，但从回归结果可以看出，发展中国家人均 GDP 越大、发达国家人均 GDP 越小时，会导致南北总污染品以及四大污染产业的 IIT 指数全部上升，而且两个变量(L_{mingdp}、L_{maxgdp})的影响系数在所有模型中均显著。另外，我们发现环境规制的两个变量(EPI 指数和 ENVOPL)对污染品 IIT 值的影响系数并不一致。南北 EPI 差异性($L_{envpolcy}$)对总污染品 IIT 指数的影响并不显著，但与总污染品出口总量呈正相关关系，即 EPI 差异(L_{epicy})越大，发展中国家出口到发达国家的总污染品(L_{exfaza})和发达国家出口到发展中国家的总污染品数量(L_{exfada})都会增长。人均能耗变化率差异($L_{envpolcy}$)对 IIT 指数的影响在所有模型中系数全部显著为负，表明南北贸易国之间环境规制差异性($L_{envpolcy}$)越大，全样本内

表2-12 2012年352对南北贸易关系中污染品产业内贸易 IIT 值计量分析结果

		被解释变量									
解释变量	(1)	(2)	(3)	(4)	(5)	(6)	(7)	(8)	(9)	(10)
	IIT_{po}	IIT_{ch}	IIT_{ir}	IIT_{fe}	IIT_{pa}	$L_{lexfaza}$	$L_{lexfada}$	IIT_{as}	IIT_{am}	IIT_{af}
$L_{capipcy}$	-0.08 (-1.0)	-0.1 (-1.3)	-0.04 (-0.3)	0.17** (-2.2)	-0.17** (-2.3)	-2.4*** (-3.1)	-1.1** (-2.2)	0.23 (-1.3)	0.24 (1.4)	-0.5*** (-2.7)
$L_{landpcy}$	0.16* (1.8)	0.03 (0.3)	0.3** (1.9)	0.000 5 (0.001)	0.27** (2.2)	1.3 (1.4)	-0.7 (-1.2)	-0.2 (-1.2)	-0.2 (-1.1)	0.4* (1.8)
L_{gdppcy}	0.7 (1.9)	0.7 (1.7)	0.5 (0.8)	1.7*** (4.0)	0.5 (1.1)	11*** (2.9)	6.7*** (2.8)	-2.6 (-2.3)	1.1 (1.2)	-1.5 (-1.5)
$L_{mingdpp}$	0.1** (2.6)	0.02 (0.5)	0.05 (0.9)	0.15*** (3.0)	0.03 (0.6)	1.6*** (4.1)	1*** (3.9)	-0.24* (-1.9)	0.4*** (2.8)	0.11 (1.6)
$L_{maxgdpp}$	-0.9* (-2.0)	-0.8 (-1.6)	-0.4 (-0.6)	-2.2*** (-4.0)	-0.5 (-1.1)	-14*** (-2.9)	-8.6*** (-2.8)	2.6* (2.1)	-2.0* (-1.8)	1.8 (1.4)
L_{epicy}	0.004 (2.3)	0.002 (1.1)	0.004** (2.1)	0.002 (0.88)	-0.003 (-1.4)	0.04** (2.2)	0.02* (1.8)	0.002 (0.74)	-0.001 (0.79)	-0.01 (-1.4)
$L_{envpolcy}$	-7.9*** (-7.6)	-3.9*** (-3.6)	-1.3 (-1.2)	-3.5*** (-3.2)	-3.8*** (-3.6)	-111*** (-10.4)	-64*** (-9.3)	-4.1** (-2.1)	-8.7** (-2.4)	-2.1 (-0.7)
c	2.5** (2.4)	2.2** (2.1)	-0.6 (-0.5)	5.6*** (5.0)	2.9*** (2.8)	55*** (5.0)	39.5*** (5.6)	0.5 (0.27)	5.2** (2.3)	1 (0.5)
观察个数	329	319	296	289	306	328	330	90	165	72

注：*、**、***分别代表在10%、5%、1%的显著水平上通过检验。

以及亚洲、非洲、美洲发展中国家与发达国家之间的总污染品和四大污染产业的产业内贸易份额都会降低。将模型6与模型7进行对比，发现所有的自变量对发展中国家向发达国家污染品出口额的回归系数要高于发达国家向发展中国家污染品出口额的回归系数，说明要素禀赋差异对发展中国家的影响比对发达国家污染品出口的影响更大。模型8~模型10的被解释变量分别为样本内亚洲、非洲、美洲发展中国家与16个发达国家的总污染品IIT值，结果表明环境规制差异（$L_{envpolcy}$）对美洲发展中国家与发达国家之间的IIT指数的影响并不是很显著，对非洲的影响最为明显，即非洲发展中国家与发达国家之间人均能耗变化率差异（$L_{envpolcy}$）每扩大1%，双方的总污染品产业内贸易份额下降8.7%。

本章基于传统的H-O-V理论和新贸易理论下对环境规制与污染品净贸易流向、总量和贸易模式的影响做出研究。在H-O-V模型下，我们将环境规制、资本、劳动、土地都当成一种要素禀赋纳入计量模型，研究环境规制对污染品部门包括化学、有色金属、钢铁、造纸以及总污染品的净出口总量的影响。结果表明，发展中国家拥有较高的人均能耗增长率和较低的环境绩效指标，拥有宽松的环境规制，具有生产污染密集型产品的比较优势。美洲发展中国家的环境规制最高，亚洲其次，非洲最低。环境规制越宽松，污染品净出口越多，净出口增长率越大。环境规制与具体污染部门出口总量的回归结果并不一致，人均能耗变化率（L_{envpol}）对钢铁产业影响系数最大，对化学产业影响系数最小，对造纸产业的影响则不显著。而环境绩效指标对钢铁产业净出口的影响不显著。另外，物质资本对污染产业出口的影响要大于能源资本。其中，天然气消耗对总污染品以及四大污染产业出口总量的影响都是最大的，天然气消耗越多污染品出口量越大，这与传统观点认为煤炭对污染品出口的影响最大并不一致。

本章的创新之处在于研究了352对南北贸易对象的总污染品以及四大污染产业，并且计算出了2012年南北污染品贸易产业内贸易份额（IIT）和产业间贸易份额。我们用南北贸易国家间的人均 GDP 来表示需求偏好差异，用人均资本存量以及人均土地面积差异来表示供给差异，研究供给差异、需求差异以及环境规制差异对南北污染品贸易模式的影响。研究结果表明，当发达国家人均GDP 越小，发展中国家人均 GDP 越大，即两国人均 GDP 差异越大时，两国污染品的产业内贸易份额（IIT）越高。两国环境规制差异越小，污染品 IIT 值越大；反之，越易产生污染品的产业间贸易。但是，环境规制差异与双方污染品贸易总量均为正相关，即环境规制差异越大，发达国家对发展中国家的污染品总出口量越大，发展中国家对发达国家污染品出口总量也越大。尽管我们能够解释环境规制对南北污染品贸易模式变化的影响，但不能证明环境规制是否真的造成"污染天堂"现象，因为环境规制的差异变大，不仅会加大发展中国家对发达国家污染品的出口，也加大了发达国家对发展中国家污染品的出口，尽管后者远远小于前者。研究结果同时也证明，相对于欧盟及日本，美国、加拿大的环境规制水平并不如人们想象中高，并且与墨西哥环境规制水平有一定趋同趋势。与之相反的是，欧盟内部的环境规制水平日渐加强，趋同趋势也很明显。这似乎说明了，区域经济一体化与环境规制之间存在着某种关系，特别是北美自由贸易区是由发达国家和发展中国家共同组建的，区域内自由贸易的发展会带来环境规制的某种趋同，发达国家的环境规制会下降，而发展中国家环境规制会上升。

第三章　出口贸易下中国经济增长与环境质量的关联

可持续增长概念的提出使人们的视线从简单的经济增长转到了环境质量增长，更多的学者开始关注环境质量与经济增长之间的关系以及碳减排的问题，即通过技术创新、制度创新、产业转型、新能源开发等多种手段，尽可能地减少煤炭、石油等高碳能源消耗，减少温室气体排放，达到经济社会发展与生态环境保护双赢的一种经济发展形态。

中国高速的经济增长是依靠要素投入和环境牺牲推动的，这种粗放型的经济增长方式以及特定的能源消耗带来了严重的环境问题。一般认为，经济增长初期依赖高投入、高产出的粗放型增长路径，因此经济增长伴随着污染的高排放。但是，当经济增长达到一定时期，人均 GDP 的上升将带来环境规制的提高，从而环境治理资金投入以及治理水平都会增加，经济增长就会带来污染排放的下降。这表明，经济增长与环境质量之间存在一个拐点。学术界一般在经济封闭状态下研究经济增长与环境质量之间的关系，忽略了贸易与投资因素会影响经济增长与环境质量之间的拐点。因此，本章的主要任务是以出口贸易为视角，以环境库兹涅茨曲线为分析工具，来研究经济增长与环境质量之间的关系，并做出环境效应评估。

第一节　经济增长与环境效应评估工具
——环境库兹涅茨曲线

环境库兹涅茨曲线 EKC（Environmental Kuznets Curve）为环境问题的研究提供了一个理论框架（Grossman, 1993），即经济增长与环境质量的轨迹可以用倒 U 形的 EKC 曲线表示，初期的经济增长会带来环境质量的恶化，到达一定程度后，经济增长将带来环境质量的改善，即 EKC 曲线上存在一个拐点，在拐点之前，人均 GDP 上升导致人均 CO_2 排放上升，到达拐点时人均碳排放达到最大，之后随着人均 GDP 上升而下降，其实质是经济增长短期内能带来环境的恶化，长期带来的是环境的改善。尽管 EKC 曲线在很多发达国家得到了有效的验证（Selden et al., 1994；Galeottia et al., 2005），但在发展中国家并没有明显存在的痕迹。由于发展中国家各自的经济发展背景、发展阶段以及资源禀赋均有较大的差异，各国 EKC 曲线表现出的形式也不太一样（Agras et al., 1999；Richmond et al., 2006）。Akbostanci（2009）利用面板数据与时间序列分别对土耳其、突尼斯、巴基斯坦等国的经济增长与环境质量之间进行实证研究，发现这几个发展中国家均不存在倒 U 形的 EKC 曲线。

关于贸易与环境的关系，学者们之间存在较大的分歧。积极的观点认为，通过国际贸易的溢出效应，发展中国家能更好地接受发达国家已经成熟的减排技术，成熟的环境标准与环境管理水平因此具备一种"后来者的优势"（Grossman, 1993）。当收入达到某个水平以后，贸易带来的结构和技术的综合效应将会超过规模效应，长期内贸易自由化将有利于环境质量的改善；另外，发展中国家利用发达国家先进的环境管理方法和技术可能会经历更低、更平的 EKC 曲线，使其从较低的人均 GDP 和较低的环境质量发展到收入和环境质量都较高的一点（Dasgupta et al, 2002）；而 EKC 曲线的高度由一个国家技术的可获得性、经济的规模性、所用燃料的质量、主导产业的成长性、政治体系的民主性这 5 个因素决定。消极的观点认为，无论是短期还是长期，国际贸易引起的环境后果都是恶劣的，即倒 U 形的 EKC 曲线不存在（Akbostanci et al.，2009）。Tsurumi（2010）指出环境治理技术很大程度上决定了倒 U 形 EKC 曲线的存在，碳排放是消费排放的属性令其不易被一国生产管理制度所约束而产生外部性，这种碳排放专有专利技术的不成熟也令其不易被扩散、转移和分散。鉴于此，发展中国家很难从自由贸易中取得所谓的"后来者优势"，而发达国家则能通过国际贸易以及 FDI 的方式将污染产业从碳排放制度严格的发达国家转移到碳排放制度松散的发展中国家，形成"碳泄漏"，而发展中国家则成为国际产业转移的牺牲品，变成所谓的"污染天堂"。因此，发展中国家本可以通过贸易溢出获得技术的"后来者优势"转变成一种承接污染产业的"后来者劣势"。本研究针对中国 30 个省（自治区、直辖市）20 年的面板数据进行 EKC 曲线的实证检验，发现中国从总体上来说的确存在倒 U 形的 EKC 曲线，东部地区也存在，而西部地区和中部地区均没有发现倒 U 形 EKC 曲线存在。

第二节　各地区的环境质量测算

2000—2014 年，全国 30 个省（自治区、直辖市）人均 CO_2 排放几乎集中在 1~6 吨之间，实际人均 GDP 集中在 9 912~57 804 元[①] 之间，随着实际人均国民收入的上升，CO_2 排放量呈现出持续上升的趋势。以各个省（自治区、直辖市）进行具体分析，山西省实现的是一条低收入、高排放的路径，在较低的人均 GDP 18 073 元下，人均 CO_2 排放量实现全国第一，达到 14.38 吨；上海、北京两地实现的是一条高收入高排放的经济增长路径，上海人均 GDP 为 57 804 元，

---

① 该部分实际人均 GDP 均以 2010 年为基期进行计算。

全国第一，同时人均 CO_2 排放量也很高，为全国第二，达到 11.97 吨。经济发达的几个区域，如浙江、江苏、广东均在一个 GDP 区域内（30 000~40 000 元），但广东省的年人均碳排放最低，年均 3.41 吨，这和广东省大力发展现代服务业和先进制造业双轮驱动的主体产业群道路不无关系。中部地区大部分省份均走低碳低增长的发展路径，如湖南、安徽、湖北、河南、江西，无一例外地集中在 20 000~30 000 元的人均 GDP 水平内，人均 CO_2 排放量集中在 2~4 吨之间（表3-1）。

表3-1 2000—2014 年30 个省（自治区、直辖市）
年人均 CO_2 排放量和年均人均实际 GDP

地区	CO_2 排放量 /[吨/（人·年）]		GDP /[元/（人·年）]		地区	CO_2 排放量 /[吨/（人·年）]		GDP /[元/（人·年）]	
	均值	标准差	均值	标准差		均值	标准差	均值	标准差
北京	8.09	0.104 0	8 355	290.9	河南	3.6	0.426 7	2 025	71.2
天津	10.29	0.522 4	6 018	82.9	湖北	3.69	0.290 7	2 373	65.8
河北	6.70	0.670 3	2 513	55.3	湖南	2.70	0.281 1	2 235	70.4
山西	14.38	1.017 7	2 534	101.9	广东	3.41	0.248 0	3 432	49.3
内蒙古	10.87	1.832 5	2 772	127.9	广西	2.48	0.208 8	1 531	40.7
辽宁	10.18	0.677 7	4 548	64.3	海南	2.25	0.498 6	2 164	27.8
吉林	5.77	0.375 5	2 878	79.9	重庆	3.06	0.393 6	2 404	136.6
黑龙江	6.02	0.337 8	3 946	48.9	四川	2.46	0.230 8	1 965	65.9
上海	11.97	0.290 7	9 360	83.8	贵州	4.01	0.323 2	1 326	50.6
江苏	4.94	0.507 7	3 446	74.5	云南	3.03	0.337 7	2 072	43.4
浙江	5.28	0.527 7	3 633	56.4	陕西	4.15	0.503 9	2 162	101.9
安徽	3.01	0.237 5	1 731	37.9	甘肃	4.35	0.295 4	1 737	52.6
福建	2.93	0.353 7	2 683	33.0	青海	4.41	0.467 2	2 557	78.8
江西	2.35	0.196 4	1 758	44.9	宁夏	9.34	1.526 3	2 440	113.1
山东	5.56	0.787 7	2 913	68.6	新疆	7.09	0.532 6	2 997	61.5

注：由于数据的缺失性，本表格不含有西藏和港澳台地区的数据。

我们再来看东部、中部与西部地区人均 CO_2 的排放情况，如图 3-1 所示。东部地区包括广东，福建、浙江、江苏、山东、上海、北京、天津，河北；中部地区包括：湖北、湖南、河南、安徽、江西、山西；西部地区包括新疆、青海、甘肃、宁夏、云南、贵州、四川、陕西、重庆、广西、内蒙古。由于数据的缺失性，本文西部地区剔除了西藏。

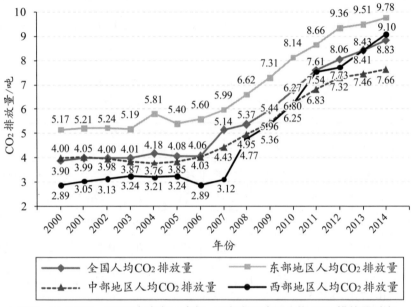

图 3-1　2000—2014 年东部、中部、西部以及全国人均 CO_2 排放量对比

东部地区由于国家政策的扶持以及优越的地理位置，吸引了大量的外资，成为外商制造业在华投资及全球产业结构转移的主要阵地。东部地区的高增长带来了高排放，人均 CO_2 排放量遥遥领先，明显高于全国平均水平。值得注意的是，东部地区年均 CO_2 排放的增速在全国排名最后，为4.34%，低于中部的4.42%、西部的7.9%以及全国5.6%的水平，且其上升趋势渐进缓和，这与东部地区发展现代服务业与先进制造业双轮驱动经济的政策密切相关，也反映出东部地区产业结构转型升级的趋势。随着西部大开发政策及配套措施的出台以及东部地区劳动力成本增加，本地制造业和跨国公司制造业从东部地区向西部地区转移的迹象越发明显，西部人均 CO_2 排放水平从2000年的2.89吨迅速上

升到2014年的9.1吨，年均增速为7.94%，远远超过中东部和全国平均水平。

第三节　环境库兹涅茨曲线模型建立与指标描述

本研究运用EKC模型对经济增长与环境质量之间的长期关系进行分析。其表达式为：$\dfrac{\partial p_t}{\partial t} = \alpha(y - y^*)g$，$\dfrac{\partial p_t}{\partial t}$ 代表污染的即期变化，是人均收入增长率的线性函数，g 代表人均GDP增长率，代表到达拐点的收入 y^* 的距离。文中引入外贸依存度(出口额/国民生产总值)以及FDI作为解释变量，模型构造如下：

$$C_{it} = a_i + \beta_{1it}GDP_{it} + \beta_{2it}(GDP_{it})^2 + \beta_{3it}FDI_{it} + \beta_{4it}DEGR^{ex}_{it} + u_{it} \qquad (3\text{-}1)$$

式中：$i = 1, 2, \cdots, 30$，代表中国除西藏和港澳台地区外的30个省(自治区、直辖市)，$t = 1, 2, \cdots, 16$，代表中国2000—2014年的时间段。C_{it} 和 GDP_{it} 分别代表中国 i 省(自治区、直辖市) t 年的人均 CO_2 排放量和实际人均GDP(以2010年为基期换算得来)，FDI_{it} 代表省(直辖市、自治区)年吸收的外商直接投资，$DEGR_{it}$ 代表 i 省(自治区、直辖市) t 年的对外贸易依存度，用货物贸易的出口额/国民生产总值来表示。β_{1it}、β_{2it}、β_{3it} 分别代表 i 省(自治区、直辖市) t 年人均GDP，人均GDP的平方以及外贸依存度的系数。若 $\beta_1 > 0$，$\beta_2 < 0$ 则为倒U形曲线；若 $\beta_1 < 0$，$\beta_2 > 0$ 则为U形曲线。对全国30个截面进行面板分析后，本研究随后将中国东部、中部和西部地区分成3个独立的截面分别进行实证检验。

一、人均GDP的计算与描述

人均GDP的计算以2010年为价格基期，采取2001—2015年的《中国统计年鉴》上的价格指数进行修正，因此本书中的GDP均指以2010年为基期的实际GDP，剔除了通货膨胀的因素。从实际人均GDP的绝对数额来看，2014年东部达到71 420元/人，远远超过了全国平均水平，最小的为西部，仅39 538元；

从实际人均 GDP 的增速来看，东部地区近年来有所下降，增速仅为3.34%，低于全国平均水平3.75%，而西部地区增速最大，达到4.34%。以具体省份为研究对象，可以发现2014年人均 GDP 最大的地区是天津，达到103 684元，依次下来为北京、上海、江苏、浙江，内蒙古、辽宁，分别是99 139元、97 159元、81 768元、72 936元、70 944元、65 134元，实际人均 GDP 最低的省份是甘肃、贵州和云南，分别为26 389元、26 415元、27 185元。

二、中国对外开放程度指标的选择

笔者对贸易开放度指标选择有两个，一个是对外贸易依存度，另一个是FDI。本书中对贸易依存度的指标用进出口总额/国民生产总值来表示。从图3-2中可看出，东部进出口总额与全国进出口总额几乎持平，占到全国的91%，是维系中国贸易大国地位的命脉。中、西部进出口总额虽然和东部相比很小，但其增速很快，分别达到11%、10.25%，而东部仅仅稍高一点，为12.9%。东部地区的贸易依存度在0.296~0.512之间变化，平均为0.382；中、西部地区贸易依存度分别在0.034~0.071及0.038~0.07之间变化，如图3-2所示。

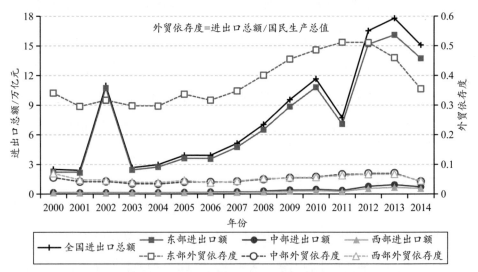

图3-2 2000—2014 年中国对外贸易开放程度

另外，中国吸收 FDI 的区位特征某种程度上代表了其承接全球产业结构转移的趋势与方向。在改革开放初期，东部沿海地区由于较多的外资优惠政策，如税收减免优惠、资源的优先分配、更多的经济自主权，实现了经济的领先腾飞。而随着1999年西部大开发，国家外资优惠政策开始逐渐偏向中、西部地区。例如，2008年两税合并使得过去外资享受的一些超国民待遇正逐步被取消，很多原来的外资优惠政策在东部地区已经失效，但在中、西部地区依然保留。鉴于以上种种原因，东部外资增速正逐渐放缓，年增速为9.25%，低于全国平均水平9.52%。西部外资增速最快，达到11.16%，中部为9.59%。从外资总量上说，东部地区引进外资占到全国 FDI 的82.4%，其中江苏省2009年全国排名第一，达到4 443.9万美元，其次是上海，为3 084.2万美元，而中东部地区加起来不到全国外资总额的20%。

第四节　出口、经济增长与环境效应评估

本研究选择数据具有15年的跨度，因此要考虑各面板序列的平稳性与协整关系。通过 IPS、ADF、PP 检验以及 Perdroni 和 Kao 检验后，我们得到各个序列存在协整关系的结论。随后，笔者对中国30个省(自治区、直辖市)的面板数据分别进行 OLS、固定效应 (FE) 以及随机效应 (RE) 分析，分别得到模型1、模型2、模型3，其中，被解释变量为 CO_2 排放量，解释变量为 GDP_{it}、GDP_{it}^2、FDI_{it}、$DEGR^{ex}$。从模型3的 F 值来看，模型3以100%的概率通过检验，因此 FE 模型优于 OLS 模型。随后，我们进行 LR 检验与霍斯曼检验对模型3与模型2进行筛选，两个检验方法均证明模型3优于2模型，因此，FE 模型优于 RE 模型，鉴于此以下文中所有的模型均采用 FE 来进行分析(表3-2)。

为了比较固定效应模型（FE）下 GDP_{it}、GDP_{it}^2、FDI_{it}、$DEGR^{ex}$ 对人均 CO_2

排放量的影响，我们构建模型4~模型6。比较6个模型可得到以下结论：

(1) 6个模型均证明中国总体上存在倒 U 形的 EKC 曲线，得到拐点的时间大致相同；模型3的拟合程度最高，最具经济意义且最符合现实情况，因此笔者选择模型3的检验结果作为最优的实证结果；模型3的经验分析证明了中国在实际人均 GDP 为 8 780 元时达到拐点，达到时间为2036年；外贸依存度每提高1%，CO_2 排放提高3.65%，这说明出口规模扩大对 CO_2 的排放有着显著的正相关效应；FDI 对碳排放影响微弱，FDI 每提高1%，人均 CO_2 排放量仅提高0.000 52%。

(2) 模型3、模型4与模型5的结果差异表明：如果只选择外贸依存度作为经济开放的指标不考虑 FDI 因素的话，外贸依存度每提高1%，人均 CO_2 排放提高5%（模型4），相比模型3提高了1.35%；如果只选择 FDI 作为经济开放的指标不考虑出口因素的话，FDI 每提高1%，人均 CO_2 排放提高0.000 94%，相比模型3提高了0.000 42%，这个结果说明了外贸依存度（即出口规模）对人均 CO_2 排放的影响更突出。

(3) 发达国家通过 FDI 的方式将本国高污染、高耗能、高排放量的制造产业转移到中国，再从中国进口这种高能耗、高排放量的产品，从两个途径导致了中国在开放经济下 CO_2 排放激增。

(4) FDI、外贸依存度对拐点的影响微弱。比较模型3与模型6的结果，两者拐点到达的时间均为2036年左右，人均 GNP 分别为 8 780 元与 8 550 元，几乎没有差别，这可能是由于贸易和投资带动了发展中国家经济的高速增长与先进专利技术的获得，特别是治理污染以及减少碳排放的技术的获得，这种正效应抵消了碳排放增长的负效应，使得贸易下的 EKC 曲线经历更加平缓的路径，到达拐点的时间提前，这就是发展中国家的"后来者优势"。

表3-2　中国30个省(自治区、直辖市)面板数据的环境库兹涅茨曲线的模型选择

变量	模型1 OLS	模型2 RE	模型3▲ FE	模型4 FE	模型5 FE	模型6 FE
c	2.63*** (0.333 9)	−13.12*** (−12.21)	−11.94*** (−19.86)	−12.4*** (−21.00)	−11.59*** (−18.52)	−12.61*** (−19.24)
GDP_{it}	0.003 8*** (17.51)	0.008 4*** (17.84)	0.007 2*** (27.44)	0.007 4*** (27.85)	0.007 4*** 26.28	0.008*** (27.05)
GDP_{it}^2	−2.21×10⁻⁷*** (−9.48)	−5.65×10⁻⁷*** (−13.06)	−4.1×10⁻⁷*** (−21.4)	−4.19×10⁻⁷*** (−20.45)	−4.41×10⁻⁷*** (−20.09)	−4.68×10⁻⁷*** (−19.61)
$DEGR^{ex}$	−5.67*** (−5.599)	−0.663 (−0.496)	3.65*** (7.157)	5.004*** (10.44)		
FDI_{it}	0.003 73 (1.377)	−0.000 9*** (3.267)	0.000 52*** (4.409)		0.000 94*** (6.84)	
F值	184.98***	98.36***	285.54***	217.07***	156.62***	113.46***
调整R^2	0.676	0.520 3	0.967	0.955	0.933	0.906 6
拐点/元	8 600	7 430	8 780	8 830	8 390	8 550
到达拐点的年份	2036年	2032年	2036年	2036年	2035年	2036年
LR 检验						
统计值			74.62			
自由度			29.33			
相伴概率			0.000 0			
霍斯曼检验						
卡方统计值		14.39				
卡方自由度		4				
相伴概率		0.000 0				

注:*、**、***分别代表在10%、5%、1%的显著水平上通过检验。以1990年的价格为基期对实际人均GDP增速进行修正,为3.375%,由此计算出到达拐点的年份;标有▲的模型为最优模型。

将全国以及东部、中部、西部地区贸易与投资因素对EKC曲线的影响进行比较(均采用FE模型),对东、中、西部3个独立的截面各自进行实证研究。

从表3-3的结果我们发现只有东部地区存在倒 U 形的 EKC 曲线，西部地区存在正 U 形的 EKC 曲线，中部地区不存在 EKC 曲线(中部地区各变量并没有全部通过统计性检验)。模型1为东部地区的最优模型，模型9为西部地区最优模型，中部地区不存在最优模型。由各个模型的检验结果表明：外贸依存度对中部 CO_2 排放影响最大，东部居后，西部最小。外贸依存度每提高1%，中部地区人均 CO_2 排放提高15%，东部地区提高3.33%，西部地区提高2.3%。这是因为近年来中部地区出口速度迅猛增加，出口结构非常单一且以能源型出口为主，这致使中部地区的人均 CO_2 排放量与出口规模联系最为紧密。例如，2010年中部六省(山西、安徽、江西、河南、湖北、湖南)出口规模比2009年增长50.8%，高出全国平均增幅7.7个百分点，在全国名列前茅。另外，中部地区出口产品结构大多为高能耗、高污染品以及能源产品，如内蒙古的稀土、山西的焦炭和煤炭，湖北和河南的钢材、钢坯、铝材，这种高碳产业的出口造成的直接结果就是 CO_2 排放量实现三级跳，如2014年内蒙古人均 CO_2 排放量达到23.6吨，山西为19吨，分别位居全国第一位和第二位。

对外贸易与投资能推动地区经济在相同的拐点年份达到更高的人均 GDP 水平。例如，模型1考虑贸易与投资的影响从而使拐点到达时的人均 GDP 102 534 元高于模型3 (不考虑贸易与投资)中的10 019 元；同理，模型4中78 601 元高于模型6中的62 079 元，模型7中30 564 元高于模型9中的34 866 元。2014年东部地区人均 GDP 为48 521 元，按照修正后的东部地区人均 GDP 年增长率3.344%的增速来计算，东部地区到达拐点的时间为2031年，拐点处人均 GDP 为102 534 元(模型1)。从具体省份来说，2014年只有北京、上海人均 GDP 超过拐点102 534 元，分别达到110 856 元和110 267 元；天津、辽宁均接近拐点，分别为110 856 元和61 059 元。中部地区由于不存在 EKC 曲线，因此模型4~模型6的拐点分析没有很大经济意义。模型9表明西部地区存在正 U 形的 EKC

表 3-3　东部、中部、西部地区环境库涅茨曲线的模型选择

变量	东部地区			中部地区			西部地区		
	模型 1▲	模型 2	模型 3	模型 4	模型 5	模型 6	模型 7	模型 8	模型 9▲
c	-19.21*** (-7.15)	-23.69*** (-10.29)	-29.18*** (-11.71)	-4.76*** (-3.14)	-6.61*** (-5.04)	-6.7*** (-5.03)	-4.38*** (-2.96)	-3.81*** (-2.73)	-3.7*** (-2.72)
GDP_{it}	0.008 1*** (8.76)	0.009 6*** (12.78)	0.012 3*** (14.19)	0.003*** (2.48)	0.004 3*** (3.91)	0.005*** (4.61)	0.003 1** (2.32)	0.002 7** (2.1)	0.002 7** (2.11)
GDP_{it}^2	-4.8×10^{-7}*** (-8.43)	-5.64×10^{-7}*** (-12.05)	-7.52×10^{-7}*** (-13.54)	2.32×10^{-7} (1.062)	8.16×10^{-7} (0.388 8)	-4.89×10^{-7} (-0.23)	5.4×10^{-7} (1.82)	5.79×10^{-7} (1.97)	5.91×10^{-7}*** (2.04)
$DEGR^{ex}$	3.33*** (5.11)	4.66*** (7.9)		15.19*** (3.69)	15.22*** (3.68)		2.31 (0.76)	2.05 (0.67)	
FDI_{it}	0.000 6*** (3.79)			0.002 4*** (2.23)			-0.001 4 (-1.12)		
F 值	174.55***	161.89***	94.3***	162.99***	184.44***	190.15***	69.91***	74.96***	81.8***
调整 R^2	0.937	0.927	0.87	0.937	0.939	0.935	0.88	0.88	0.88
拐点/元	8 440	8 510	8 180	6 470	4 400	5 110	2 870	2 330	2 280
到达拐点年份	2032 年	2032 年	2031 年	2032 年	2022 年	2026 年	2011 年	2006 年	2006 年

注：*、**、***分别代表在 10%、5%、1% 的显著水平上通过检验。到达拐点的年份依据修正后的人均 GDP 的增速计算，以 2010 年为基期进行修正，修正后的东部 GDP 增速为 3.344%，中部为 3.87%，西部为 4.34%；标有▲的模型为最优模型。

曲线，2011年到达正U形EKC曲线的最低点，现处在曲线拐点的右边，随着人均GDP的增加人均CO_2排放单调递增。这是由于国家"西部大开发"政策的倾斜，国内外产业纷纷转向西部地区，使西部地区成为承接东部地区产业转移的主要阵地。工业化和城市化进程的加快令西部地区的CO_2排放增长迅猛。

表3-4分析了2014年全国30个省（自治区、直辖市）的各项经济指标以及各自到达拐点的时间。拐点的计算以表3-2模型3中人均GDP为基准，分别计算开放环境下30个省（自治区、直辖市）各自到达的时间。表3-4表明北京和上海已经达到拐点，特别是北京1995—2014年平均人均CO_2排放增长率为-0.069%，已经呈现出明显的下降趋势。另外，东部地区到达拐点的时间比全国平均水平的2036年普遍要早。值得深思的是广东与山东两省，拐点到达时间分别为2050年和2053年，尤其是广东省，这与我们模型在设定之初所预料的有很大出入，其中原因值得进一步探讨。

第五节 结 论

贸易会导致"碳泄漏"。发达国家将高污染、高能耗及资源型行业转移到发展中国家，再从这些国家进口低附加值产品或半成品，这样可以减少发达国家自己的排放量，实现他们单个的排放目标，但发展中国家及全球的碳排放总量却增加了。

从本研究的实证结果可知，出口规模的扩大对我国CO_2排放影响很大。中国靠高碳路径生产廉价产品极大地推动了中国经济的发展，但也给今后的低碳发展造成了很大的困难。由于碳排放不仅来自生产，同时也来自消费，来自消费的排放不易受制度与管理的约束而外部化，容易导致本应通过国际贸易所获取的"后来者优势"丧失。而发达国家自身严格的碳排放管理制度使它们的

表3-4 2014年中国30个省(自治区、直辖市)外贸依存度、FDI、人均GDP、人均CO_2排放量情况一览表

地区	人均GDP/(元/人)	人均CO_2/(吨/人)	外贸依存度	FDI/亿美元	拐点时间	地区	人均GDP/(元/人)	人均CO_2/(吨/人)	外贸依存度	FDI/亿美元	拐点时间
北京	99 139	8.00	1.2	1 066	2007年	湖北	47 076	5.7	0.091	377	2044年
天津	103 684	12.8	0.58	977	2023年	湖南	40 131	4.5	0.053	280	2036年
河北	39 846	11.2	0.12	370	2039年	吉林	50 150	8.5	0.11	193	2033年
辽宁	65 194	14.7	0.28	1 318	2024年	黑龙江	39 237	8.6	0.129	181	2030年
上海	97 159	13.2	1.26	3 084	2007年	内蒙古	70 944	23.6	0.048	240	2026年
江苏	81 769	8.1	0.67	4 444	2032年	广西	32 968	3.6	0.125	272	2059年
浙江	37 269	8.0	0.58	1 640	2033年	重庆	47 679	5.2	0.081	278	2037年
福建	29 190	5.7	0.44	1 175	2034年	四川	35 056	4.3	0.117	461	2041年
山东	29 144	10.6	0.28	1 120	2053年	贵州	26 415	6.3	0.04	36	2051年
广东	63 232	5.3	1.06	3 939	2050年	云南	27 185	5.2	0.089	159	2043年
海南	38 747	5.8	0.2	903	2065年	陕西	46 859	7.9	0.07	162	2034年
山西	34 983	19.0	0.08	205	2033年	甘肃	26 389	6.1	0.078	49	2051年
安徽	34 274	5.0	0.106	279	2056年	青海	39 480	7.7	0.037	28	2037年
江西	34 597	3.6	0.114	369	2056年	宁夏	41 601	18.3	0.061	25	2030年
河南	37 027	6.3	0.047	347	2038年	新疆	40 346	11.8	0.223	48	2039年

注意：拐点到达的时间是利用2014年各个地区人均GDP数据以及1995—2014年各地区GDP年增长速度计算得出。

高污染产业不得不到海外环境规制较松的、环境成本较低的地区去寻求市场，形成了碳排放的"南—北"局面。发达国家污染产业向发展中国家转移很大程度上成为我国出口导向型经济增长的动力，而同时发达国家从我国进口大量的高碳产品也促使我国成为出口排污量第一大国。

尽管出口规模扩大，外贸依存度提高对中国碳排放影响巨大，但从我们的实证结果看来，对碳排放拐点的影响却微弱。这也是因为通过贸易与投资吸收国外的先进技术，获得了相对的"后来者优势"，发展中国家利用发达国家先进的环境管理方法和技术能够经历更低、更平的 EKC 曲线，他们有可能从低水平的实际人均 GDP 和低质量的环境水平过渡到高水平的实际人均 GDP 和高质量的环境水平。这从表3-2、表3-3也反映出来，尽管不是很明显，但贸易和投资带来的后来者优势确实明显提高了拐点到达时的实际人均 GDP。

第四章　中国出口贸易污染排放测算与环境效应评估——不考虑加工贸易

国内的研究者几乎全部采用单区域投入产出模型对中国贸易碳排放进行估算，忽略了进口国的投入产出系数与部门碳污染排放系数，从进口省能的角度看有一定道理，但缺乏研究的精确性。因此，本章将介绍单区域投入产出表与多区域投入产出表之间的区别，阐述单区域投入产出表下进口国投入产出表本国技术替代以及碳排放系数本国替代的缺陷，在多区域投入产出表更加精确地测算中国以及各主要国家的出口碳排放以及进口碳排放，从而更加真实、有效地对各个国家贸易的环境效应进行评估。

第一节　单区域投入产出表下中国出口碳排放测算

国内外众多学者就中国外贸碳排放测度及环境效应评估方面形成了以下研究成果：国际贸易的溢出效应能使发展中国家更好地接受发达国家成熟的减排技术，贸易自由化长期内有利于环境质量的改善。另一派，如 Akbostanci

(2009)则认为无论是短期还是长期，国际贸易引起的环境后果都是恶劣的。发达国家通过贸易与投资的方式将国内的高碳产业直接转移到包括中国在内的发展中国家，使中国成为其"污染天堂"（傅京燕 等，2011），而曾贤刚(2010)等却认为"污染天堂"理论在中国不成立，发达国家向中国转移污染产业的同时也转移了干净产业。学术界一般采用投入产出模型对进出口贸易真实的碳排放进行测算。如 Agras 等(1999)采用了多区域投入产出模型，即进口碳排放和出口碳排放分别根据进口国和出口国的投入产出表和污染排放系数进行估算，由此结论更为精确。而大部分学者，如张为付等(2011)仍然采用单区域投入产出模型计算，用本国的投入产出表替代进口国，由此结论相对片面。在加工贸易占据中国出口半壁江山的现实情况下，大部分学者仍直接使用未区分国内生产和进口生产的投入产出表，无法分离出加工贸易进口品对出口碳排放的负面效应。仅有彭水军等(2010)、张友国(2010)采用非竞争型投入产出表，将加工贸易中的进口设备、保税产品从国内中间使用中一一分离，规避中间品国外碳排放对中国出口碳排放的高估效应。

张为付等(2011)指出发达国家通过从中国进口污染品将污染的生产环节留在中国，导致中国出口含碳量远远大于进口含碳量，成为贸易碳排放净输出国，各部门污染贸易条件不断恶化。但以彭水军等(2010)为代表的经济学家却表示中国的出口碳排放小于进口碳排放，出口品比进口品更清洁，但共同点是他们均承认中国污染贸易条件持续恶化。李小平等(2010)表示中国外贸出口隐含的 CO_2 中，国内生产的 CO_2 所占比例减少，加工贸易进口品国外生产排放的 CO_2 比例增加。在贸易对象细分方面，大部分学者将中国对外贸易作为一个整体研究，但也有一些经济学家区别为中国与日本、中国与美国、中国与英国之间的贸易碳排放量，并进行定量测算。

经济全球化跨越了国别的界限，一国可以通过进口获得对产品和服务的消费，也可以通过 FDI 的方式转移对产品和服务的生产，一国国内生产碳排放也由于生产和消费界限的模糊而引发了全球碳排的责任划分（Gavrilova et al.，2012）。"后京都时代"的到来引发了新一轮贸易碳排放的"生产者负责"和"消费者负责"的政治博弈之争。无论"生产者负责"和"消费者负责"，贸易中的隐含碳排放问题都会因为生产者和消费者的国别分离，导致核算的困难和减排责任分配上的争议。生产者负责制得到了部分学者的支持，他们认为发展中国家因为低廉的劳动力成本从加工贸易、全球生产制造加工基地中获得了巨大的出口利益和外汇收入，保持了较高的经济增长速度，有义务弥补和承担出口经济增长带来的全球污染排放的责任。但是，越来越多的学者支持消费者负责原则，认为发展中国家承担了过多的碳排放责任，发达国家通过从发展中国家进口污染品将实现了本国污染的境外生产，导致全球节能减排政策减弱。另外，环境规制高的发达国家通过 FDI 的方式，将本国的污染产业转移到环境规制低的发展中国家，出现"碳泄漏"现象（傅京燕 等，2014）。

国际贸易中隐含的碳排放测算，国内外学术界基本上采用两种投入产出法，即单区域环境投入产出法（SRIO）和多区域环境投入产出法（MRIO）。单区域投入产出法（SRIO）主要用于测算两国之间贸易隐含碳排放量的测算。例如，Sharma（2011）、Zhao（2011）分别就中国和俄罗斯、日本与美国、OECD 与发展中国家的进出口贸易进行隐含碳排放测算，国内也有多位学者就中国与其他国家贸易隐含碳排放进行测算，其特点是采用国内投入产出系数和产业碳排放强度来替代进口国的投入产出系数，这种方法无法分离一国对世界各国具体产业的中间进口和最终进口，导致计算出来的结果与真实结果相差很远。刘宇（2015）对上述方法做了改良，利用区分加工贸易的进口非竞争型投入产出法测算中国与各国双边贸易隐含碳排放，但仍坚持用本国产业碳排放系数对进口国进行替代。

一、单区域投入产出表的特点及构成

单区域投入产出表指只考虑一个国家的投入产出表，无法考虑中间品的进口。因为单区域投入产出表无法获得进口中间品的投入产出系数和碳排放系数。或者在考虑进口省碳量测算时，用本国的投入产出系数和碳排放系数来替代进口国的两个系数，称为"本国技术替代"。我们对一国简化单区域投入产出模型表示为：

$$\begin{cases} b_{11}R_1 + b_{12}R_2 + \cdots + b_{1n}R_n + y_1 = R_1 \\ b_{21}R_1 + b_{22}R_2 + \cdots + b_{2n}R_n + y_2 = R_2 \\ \vdots \\ b_{n1}R_1 + b_{n2}R_2 + \cdots + b_{nn}R_n + y_n = R_n \end{cases} \quad (i=1,2,3,\cdots,n) \tag{4-1}$$

式中：$b_{ij} = r_{ij}/R_j (i,j=1,2,\cdots,n)$，$r_{ij}$ 为 j 产业生产领域消费的 i 产业数量，R_j 是 j 产业总产出，b_{ij} 为 i 产业对 j 产业的直接消耗系数，y_j 为 j 产业最终产品量，简化后有 $\boldsymbol{BR+y=R}$，即 $(1-\boldsymbol{B})\boldsymbol{R}=\boldsymbol{y}$。其中，$\boldsymbol{B}$ 是直接消耗系数矩阵，$(1-\boldsymbol{B})^{-1}$ 为投入产出列昂惕夫逆矩阵，代表完全需求系数矩阵，是一个产业对另一个产业最终使用的完全消耗。$\boldsymbol{R}$ 为各产业总产出，$\boldsymbol{y}$ 为最终需求，为投入产出后的完全总出口。随后我们在模型中加入污染要素变为：$\sum_{j=1}^{m} F_{hj} + G_i = C_j$，$G_i$ 为消费领域第 i 种污染物量，F_{hj} 是 j 产业所排放的第 h 种污染物量，m 为污染物的类别。f_{CO_2} 为 CO_2 排放系数矩阵。

$$C = f_{CO_2}(1-\boldsymbol{B})^{-1}\boldsymbol{R} \tag{4-2}$$

$$C_{im} = f_{CO_2}(1-\boldsymbol{B})^{-1}\boldsymbol{im} \tag{4-3}$$

$$C_{ex} = f_{CO_2}(1-\boldsymbol{B})^{-1}\boldsymbol{ex} \tag{4-4}$$

$$NC_{nj} = \left[f_{CO_2nj}(1-\boldsymbol{B})^{-1}ex_{nj}/h \times ex_{nj} \right] - \left[f_{CO_2nj}(1-\boldsymbol{B})^{-1}im_{nj}/h \times im_{nj} \right] \tag{4-5}$$

$$PTT_{nj} = \left[f_{CO_2nj}(1-\boldsymbol{B})^{-1}ex_{nj}/h \times ex_{nj} \right] \Big/ \left[f_{CO_2nj}(1-\boldsymbol{B})^{-1}im_{nj}/h \times im_{nj} \right] \tag{4-6}$$

$f_{CO_2 nj}$ 为各产业 CO_2 的排放系数，im 为一国的剔除价格因素后的进口额，ex 代表一国的剔除价格因素后的实际出口额，im_{nj} 是该国第 n 年 j 产业的实际进口额，ex_{nj} 是该国第 n 年 j 产业的实际出口额。C_{im} 与 C_{ex} 分别是经 MATLAB 7.1 计算后完全进口和完全出口的完全 CO_2 排放。NC_{nj} 代表 n 年 j 产业的净贸易碳排放，NC_{nj} 为正值表明该产业为净污染出口产业，如果为负值代表净污染进口产业。PTT_{nj} 是第 n 年 j 产业的污染贸易条件，$PTT_{nj} < 1$ 如表示该产业属于清洁出口产业，如果 $PTT_{nj} > 1$，则该部门属于污染出口产业。

二、单区域投入产出表下中国出口碳排放的测算

我们利用单区域的 OECD 的进口的非竞争型投入产出表对中国各个产业部门进行合并成 18 个制造业部门，按照上述公式，利用 MATLAB 7.1 软件进行测算得到每个部门的出口碳排放量，从高到低依次排列如图 4-1 所示。高排放组包括石化产业、非金属矿业、非黑色金属产业、钢铁产业与造纸印刷业，其出口碳排放量分别为 5.5 吨 / 万元、5.4 吨 / 万元、3.9 吨 / 万元、3.3 吨 / 万元、3 吨 / 万元、2.89 吨 / 万元，高排放组平均出口碳排放量为 4.01 吨 / 万元。低排放组的产业有纺织服装业、建筑业、农林牧副渔、交通运输业、机械电子、仪器仪表及办公，行业平均出口碳排放量分别为 0.42 吨 / 万元、0.48 吨 / 万元、0.5 吨 / 万元、0.65 吨 / 万元、0.66 吨 / 万元和 0.7 吨 / 万元，低排放组平均出口碳排放量为 0.57 吨 / 万元。我们注意到传统的出口部门如纺织服装业、木材加工行业并没有成为人们预料的高污染出口行业，其出口含碳强度分别为 0.53 吨 / 万元、1.02 吨 / 万元和 1.53 吨 / 万元。纺织服装行业中间产品投入系数最大的为纺织服装产业本身，2005 年吸收系数为 0.31，而纺织服装产业本身对煤炭的消费占煤炭总消耗的 10%，巨大的煤炭消费使得纺织服装产业的出口碳排放总和出口占比为负相关，高排放组出口含碳强度平均为 4.01 吨 / 万元，出口占比

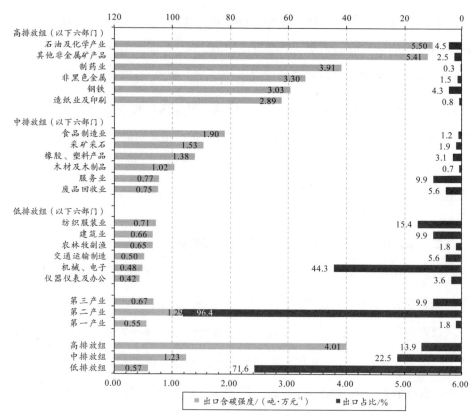

图4-1　各个制造业部门的出口含碳量

量很大，但由于每年服装业的出口增加额相对于碳排放增加额而言增长更快，如2010年出口占比达到15%，从而导致出口含碳强度并不如之前的预期高，这也预示服装皮革产业节能减排取得一定成效。另外，从行业出口含碳强度和行业出口占比的关系可以推断出该行业出口是否走可持续路径。例如，机械电子产业年均出口占总出口比重的44.3%，但其出口含碳量排18个制造业的倒数第二，仅0.48吨/万元，这说明相对于出口量的急剧上升出口碳排放总量上升趋势缓慢，表明该产业的出口走的是可持续发展的集约增长路线。而出口含碳强度列为第一位的石油化学产业，出口含碳量高达5.5吨/万元，但出口比重仅为4.5%，说明该行业的出口污染强度大。总体而言，出口含碳强度13.9%；

中排放组出口含碳强度为 1.23 吨/万元，出口占比 22.5%；低排放组出口含碳强度仅 0.57，出口占比高达 71.6%。

同时，我们也发现第二产业(制造业)的排放强度最大，第一产业(农业)排放强度最小。1997—2010 年间农业、工业、服务业三大产业的出口碳排放总量随着出口总量的增加在不断上升。2010 年中国农业、工业、服务业的出口碳排放总量为 1 630 万吨、26 381 万吨和 5 409 万吨，其中，服务业的上升幅度最大，为 7.7%；工业为 3.1%，工业中制造业年均升幅为 3.1%，建筑业为 23.1%；农业为 0.6%。尽管出口碳排放总量在不断上升，三大产业进出口含碳强度却在不断下降，下降幅度分别为 6.5%、2.6% 和 4.9%，进口含碳量下降幅度分别为 11.6%、3.9% 和 4.7%。

由表 4-1 可知我国三大产业的出口碳排放总量均为顺差，在总量上我国三大产业整体均为污染输出。图 4-2 表明，对于单位 GDP 碳排放而言，农业贸易含碳强度持续顺差，即出口含碳量远远大于进口含碳量，但顺差的幅度在不断缩小，1997 年为 0.24 吨/万元，2010 年为 0.13 吨/万元。工业贸易碳含量从 2003 年开始持续顺差，究其原因，和我国不断加大贸易投资开放力度，成为世界制造业的加工基地有关。1997 年，中国工业的出口含碳为 1.4 吨/万元，进口含碳量为 1.5 吨/万元，呈现出逆差趋势。到 2010 年，出口含碳量降为 0.97 吨，进口含碳量为 0.86 吨，每万元单位出口顺差 0.04 吨 CO_2。工业经济一定程度上成为污染制造基地；服务业出口碳排放主要来源于交通运输、仓储邮政业，自 1997 年以来，服务业的出口碳排放一直处于顺差状态，但顺差逐渐减小，1997 年出口含碳量顺差额为 0.09 吨/万元，2010 年降为 0.06 吨/万元。尽管服务业是相对清洁产业，但我国服务业相对于发达国家服务业而言，治理污染的竞争能力有很大差距。我国农业出口碳排放远远高于农业进口碳排放，1997 年顺差额高达 0.24 吨/万元，2010 年也达到了 0.13 吨/万元，是三大产业中顺差额最大

表4-1 三大产业进出口碳排放总量对比

（单位：万吨 CO_2）

		1997年	1999年	2001年	2003年	2005年	2007年	2009年	2010年
第一产业	出口含碳量	3 684	2 957	4 011	5 051	4 935	4 617	3 471	4 043
	进口含碳量	1 016	916	1 283	1 691	1 614	1 472	1 293	1 561
	贸易含碳顺差	2 668	2 041	2 728	3 360	3 321	3 145	2 178	2 482
第二产业	出口含碳量	41 006	36 330	39 237	49 379	71 472	83 539	56 191	63 011
	进口含碳量	16 893	15 475	18 474	20 069	26 831	29 039	22 382	19 910
	贸易含碳顺差	24 113	22 940	23 215	24 791	36 054	51 909	45 529	36 281
第三产业	出口含碳量	41 006	36 330	39 237	49 379	71 472	83 539	56 191	63 011
	进口含碳量	16 893	15 475	18 474	20 069	26 831	29 039	22 382	19 910
	贸易含碳顺差	24 113	22 940	23 215	24 791	36 054	51 909	45 529	36 281
三大产业总计	出口含碳量	85 696	75 617	82 485	103 809	147 879	171 695	115 853	85 696
	进口含碳量	34 802	31 866	38 231	41 829	55 276	59 550	46 057	34 802
	贸易含碳顺差	50 894	47 921	49 158	52 942	75 429	106 963	93 236	50 894

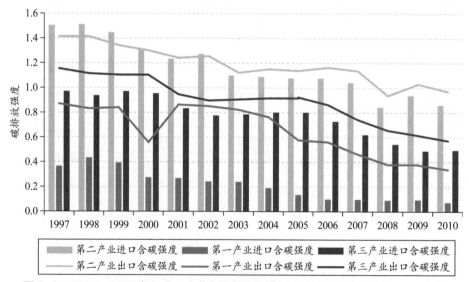

图4-2 1997—2010年工业、农业与服务业的进出口碳排放强度（单位：吨／万元）

的。农业排放的隐蔽性和分散性使得人们更加注意工业排放的废水与废气。实际上农业排放的主要组成部分来自磷和氮，而我国农业大量使用化肥，每公顷农地化肥使用量是美国的3倍多，这些都造成了农业贸易含碳强度的大额顺差。三大产业的污染贸易条件指数均小于1，说明我国节能减排之路还任重道远，需要政策的更大幅度支持和企业更强的自我约束及技术创新能力。

接下来我们对中国与主要进出口的国的碳排放总量进行测算，并计算与主要贸易对象国的碳排放顺差。按照科学的测算方法，我们针对具体进口国的进口碳排放，应该采用进口国的碳排放强度和投入产出系数。但是基于单区域投入产出表的缺陷，无法提供这两个指标。因此，在单区域投入产出表下，国内学术界均采用本国的碳排放强度系数和投入产出系数来替代进口国，并称之为进口省碳量。图4-3描述的是单区域投入产出法下，用"本国技术替代"的方法测算的进口省能量以及相应的出口碳排放顺差。实际上，由于发达国家的碳排放系数和投入产出系数均比中国小，因此测算出来的进口省能量会大于实际进口省能量。2010年，我国 CO_2 贸易排放量最大的经济体是欧盟，出口含碳量高达36 497万吨。进口含碳量最大来源国为日本，由于从日本进口从而节省了如果由本国生产原本要消耗的20 816万吨 CO_2。我国出口污染顺差国或地区按大小依次为美国、欧盟和英国，表明对我国贸易对象 CO_2 输出大于贸易对象对我国 CO_2 进口输入，污染顺差额依次为21 341万吨、16 668万吨 CO_2 和3 235万吨 CO_2。而与东盟、日本、韩国的贸易中，我国出口含碳量小于从对象国的进口含碳量，即我国为污染逆差国，污染逆差额依次为1 948万吨 CO_2、6 560万吨 CO_2、8 196万吨 CO_2（图4-3）。研究对象中，使我国成为污染顺差国的大部分为发达国家和经济体（日本例外）如美国、欧盟等，而使我国成为污染逆差国的贸易伙伴大部分为发展中国家或者新兴经济体，如巴西、韩国（印度例外）。

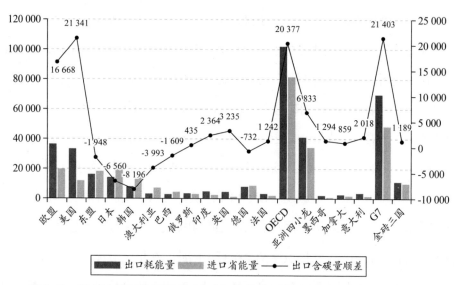

图4-3 2010年中国主要贸易对象出口耗能量、进口省能量（单位：万吨 CO_2）

表4-2描述的是1997年、2002年、2006年、2008年以及2010年5个年份我国与主要出口国的出口耗能量、与主要进口国的进口省能量以及对各国出口额分别占我国总出口额比重以及从各国进口额占我国总进口额的比重。1997—2010年我国出口耗能量年平均增长率为8.9%，进口省能量年平均增长率为9.9%，表明我国出口耗能量增长率不及进口省能量增长率，即污染制造速度低于污染节约速度。1997年，中国对美国出口量为总出口的17.9%，其出口耗能量也高达10 107万吨 CO_2。2010年，中国对美出口耗能量增长为33 366万吨 CO_2，年均增幅为6.4%，占当年我国 GDP 能耗的4.8%，同时从美国进口使我国节省的能耗占 GDP 能耗的1.7%，即中国对美出口耗能量大于从美国的进口省能量(图4-3)。尽管没有任何一个东盟成员国为我国进出口前十强，但东盟作为一个整体而言，中国对东盟进出口贸易含碳量在大幅度增长，出口含碳量的年均增幅为10.7%，进口含碳量的年均增幅更是高达11.7%。中国对印度的出口占比从1997年的0.5%扩大到2010年的2.6%，出口含碳量也从288万吨增长到4 819万吨，增幅高达22.3%。另外我国对英国、德国和意大利出口含

碳量年平均增幅分别为10.1%、10.4%与12.7%，对欧盟经济体的出口含碳量年均增幅更是高达11.6%，2010年对欧盟出口含碳量为36 497万吨CO_2，占我国GDP能耗的5.3%。

表4-2　1997—2010年中国与主要贸易对象出口耗能量和进口省能量对比

(单位：万吨CO_2)

贸易对象	主要出口地耗能量					贸易对象	主要进口地省能量				
	1997年	2002年	2006年	2008年	2010年		1997年	2002年	2006年	2008年	2010年
美国	10 107 (17.9)	18 979 (21.5)	41 311 (21.0)	34 649 (17.6)	33 366 (18.0)	日本	8 958 (20.4)	14 507 (18.1)	23 488 (14.6)	20 675 (13.3)	20 816 (12.7)
日本	9 836 (17.4)	13 142 (14.9)	18 604 (9.5)	15 943 (8.1)	14 257 (7.7)	韩国	4 612 (10.5)	7 751 (9.7)	18 219 (11.3)	15 395 (9.9)	16 295 (9.9)
韩国	2 820 (5.0)	4 215 (4.8)	9 040 (4.6)	10 150 (5.2)	8 099 (4.4)	美国	5 036 (11.4)	7 391 (9.2)	12 023 (7.5)	11 170 (7.2)	12 025 (7.3)
德国	2 007 (3.6)	3 086 (3.5)	8 186 (4.2)	8 129 (4.1)	8 015 (4.3)	德国	1 910 (4.3)	4 454 (5.6)	7 691 (4.8)	7 659 (4.9)	8 747 (5.3)
荷兰	1 361 (2.4)	2 471 (2.8)	6 266 (3.2)	6 304 (3.2)	5 854 (3.2)	澳大利亚	1 003 (2.3)	1 587 (2.0)	3 924 (2.4)	5 139 (3.3)	7 199 (4.4)
印度	288 (0.5)	725 (0.8)	2 961 (1.5)	4 336 (2.2)	4 819 (2.6)	马来西亚	771 (1.8)	2 522 (3.1)	4 786 (3.0)	4 407 (2.8)	5 942 (3.6)
英国	1 179 (2.1)	2 187 (2.5)	4 906 (2.4)	4 952 (2.5)	4 566 (2.5)	巴西	460 (1.5)	815 (1.0)	2 621 (1.6)	4 100 (2.6)	4 490 (2.7)
新加坡	1 336 (2.4)	1 895 (2.1)	4 708 (2.4)	4 435 (2.3)	3 810 (2.1)	泰国	622 (1.4)	1 519 (1.9)	3 647 (2.3)	3 522 (2.3)	3 910 (2.4)
意大利	692 (1.2)	1 310 (1.5)	3 243 (1.6)	3 656 (1.9)	3 668 (2.0)	沙特阿拉伯	255 (0.6)	932 (1.2)	3 063 (2.0)	4 259 (2.7)	3 867 (2.35)

注：括号里数字为出口占中国总出口比重和进口占总进口比重。

2000—2010年间我国出口贸易耗能量不断上升，其中上升幅度最大的是天然气、电力和煤炭，升幅分别为16.8%、13.2%和13.2%，数据表明我国的能源结构已转向对新能源的消费，对电力和天然气的利用在不断增强，节能减排取得了一定成效。但是由于能源开采技术以及能源储存量的限制，能源结构没有发生质性的改变，煤炭的消费依然是主体。另外，次贷危机及全球经济危机给我国出口贸易耗能量带来了很大的影响。2006 年之前，外需的旺盛带来出口的大幅度增长，由此天然气、柴油、焦炭和煤炭消耗的升幅分别高达 20.7%、16%、22.7% 和 16.7%。2006 年的经济危机导致外需迅猛缩小，造成我国出口急剧减少，因此我国 2006—2009 年间的由出口贸易带来的能源消耗在急速下降，仅仅只有电力和天然气的上升幅度为 0.1% 和 2.6%，燃料油、柴油、汽油、焦炭和煤炭下降幅度分别为 4.8%、1.2%、0.3%、1.4% 和 1.5%。我们将出口能耗根据中国能源统计年鉴的各种能源折标准煤的参考系数估算出各种能源 CO_2 排放量，如图 4-4 和表 4-3 所示。

表4-3　中国出口贸易能源 CO_2 排放量一览表

（单位：万吨）

年份	电力	天然气	燃料油	柴油	煤油	汽油	原油	焦炭	煤炭
2000 年	9 275	1 826	3 099	5 556	718	2 889	16 992	5 899	56 458
2001 年	9 834	1 983	2 989	5 629	712	2 877	16 571	5 807	52 408
2002 年	12 188	2 338	3 333	6 729	815	3 323	19 395	7 222	60 920
2003 年	16 380	3 158	4 223	8 582	950	4 196	24 934	9 867	84 656
2004 年	21 648	4 230	5 478	11 559	1 251	5 539	32 926	13 447	110 861
2005 年	26 578	5 393	5 255	13 863	1 374	6 194	37 269	21 147	143 602
2006 年	32 011	6 803	5 686	15 712	1 508	7 028	41 970	24 686	165 995
2007 年	36 043	8 409	5 325	16 325	1 641	7 281	43 587	25 402	174 665
2008 年	34 698	8 837	3 780	16 117	1 556	7 391	41 451	23 740	164 115
2009 年	28 911	7 563	2 566	12 733	1 345	5 769	34 601	19 653	134 232
2010 年	36 245	10 062	3 776	14 996	1 805	7 126	43 075	23 014	156 850

由图 4-4 看出，煤炭排放的 CO_2 量最大，2000 年煤炭 CO_2 排放为 37 108 万吨，2007 年达到最高峰值为 17 465 万吨，之后有所下降，年均增幅为 9.7%。原油 CO_2 排放和电力 CO_2 排放分别列居第二和第三，尤其是电力污染排放，

年均增幅为 13.2%。这是由于我国电力主要消耗煤炭火力发电，从而导致电力的产生会排放更多的 CO_2。天然气新能源的碳排放总量最小，但增幅最大为 16.8%。煤炭是 CO_2 排放最主要的来源，对煤炭的消费直接决定一个产业的能耗水平。由图 4-4 可知，2010 年出口行业中对煤炭消耗最大的为非金属矿物制品业，煤炭消耗占全部煤炭比例的 21%，其余依次为石油化学工业、黑色金属冶炼及延压、纺织制造业及造纸业，煤炭耗比例分别是 19.4%、17.4%、10.7%、5.2%。出口煤炭消耗比重最小的为仪器仪表办公机械、建筑业与交通运输仓储和邮政业，出口煤炭占比依次为 0.2%、0.5% 和 0.6%。出口含碳量高排放组的产业几乎均具有较高的煤炭消费，如高排放组的石油化学产业、其他非金属矿产品色金属、钢铁黑色金属、造纸业，其对煤炭的消费比例分别为 19.4%、21%、17.4%、5.2%，占到煤炭消耗总体的 63%，直接说明一个行业对煤炭的消费与一个行业的碳排放水平显著地正相关。

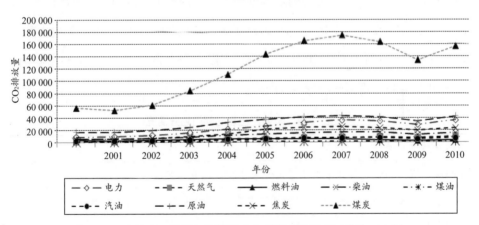

图 4-4 中国出口贸易各种能源 CO_2 排放量对比图（单位：万吨）

注：各种能源折标准煤系数：原煤为 0.714；焦炭为 0.971 4；原油为 1.428 6；汽油为 1.471 4；柴油为 1.457 1；燃料油为 1.428 6（单位为千克标准煤／千克）。电力为 0.122 9 千克标准煤／（千瓦·小时）；天然气为 1.33 千克标准煤／立方米。

第二节 单区域投入产出表下中国与美国
进出口贸易的环境效应评估

一、单区域投入产出表下中美进出口碳排放的环境效应评估

本研究以中国2002年、2007年及2012年的投入产出表部门投入产出数据为基础，运用MATLAB 7.1软件对相关矩阵进行计算，得出与完全消耗系数相乘后的完全出口量。由于从美国进口是对美国产品的一种需求，本应采用美国的投入产出表进行计算，但基于美国污染数据难以获得以及从进口省能量的角度来考虑，笔者仍旧采用中国的投入产出表，假设中国2002—2006年、2007—2011年、2012—2014年的生产技术分别与2002年、2007年、2012年相同，按投入产出系数 a_{ij} 不变的基础进行计算。根据可获得的中美进出口数据，首先笔者将2002年与2007年的投入产出表合并成29个部门，1997年投入产出表合并成28个部门(其中2002年、2007年投入产出表为42个部门，1997年投入产出表为40个部门)，如表4-4所列。

表4-4 投入产出表的部门划分情况

01	农林牧副渔
02	煤炭石油分选业和开采业（煤炭开采业和分选业＋石油和天然气开采业）
03	金属矿采选业及非金属矿及其他矿采选业(金属矿采选业＋非金属矿和其他矿采选业)
04	食品制造和烟草加工业
05	纺织业
06	服装鞋帽皮革羽绒制品业
07	木材加工及家具制造业
08	造纸印刷及文教体育用品制造业
09	石油加工；炼焦及核燃料加工业

表4-4(续)

10	化学工业
11	非金属矿物制品业
12	金属冶炼及压延加工业
13	金属制品业
14	通用专用设备、通信设备计算机及电子设备制造业（通用专用设备制造业＋通信设备、计算机及电子制造业）
15	交通运输设备制造业
16	电气机械及器材制造业
17	仪器仪表及文化办公用机械制造业
18	工艺品及其他制造业
19	废品废料
20	电力、燃气、水生产和供应（电力生产供应业＋燃气生产供应业＋水生产供应业）
21	建筑房地产业（建筑业＋房地产业）
22	交通运输仓储和邮政业（交通运输及仓储业＋邮政业）
23	信息传输；计算机服务和软件业
24	金融业
25	批发零售与商务服务（批发和零售业＋租赁和商务服务业）
26	研究与试验及综合技术服务业（研究与试验发展业＋综合技术服务业）
27	居民及公共服务业（水利、环境和公共设施管理＋居民服务和其他服务业＋公共管理和社会组织＋住宿和餐饮业＋卫生、社会保障和社会福利业）
28	教育
29	文化、体育和娱乐业

由 MATLAB 7.1 软件计算得到中美贸易完全进出口数据后，乘以各部门 CO_2 排放系数即得到中国出口 CO_2 的完全排放量和从美国进口的 CO_2 完全排放量，数据经过处理除以每万元人民币得到各部门相应的出口含碳强度与进口含碳强度。我们借鉴 Pan 等 (2008) 的做法，单位能源 CO_2 排放系数采用2.13吨

CO_2/吨标准煤的统一标准。基于可获得的中国各行业能源消耗数据，笔者分别将29个行业统一并成23个行业以便对各行业 CO_2 排放进行计算，其中交通运输仓储涵盖了金融业与信息业，批发零售业包括了商务服务与租赁业，其他服务业合并了居民服务、教育文化产业。

从表4-5可以看出，以中美贸易含碳量为例，中国出口含碳量从2002年持续上升，2011年达到顶峰，出口 CO_2 排放为16 800万吨，2012年逐渐下降，2014年降至7 090万吨，说明中国近年来采取的排污技术取得了一定的成效；同时，表4-5也说明由于中美贸易使美国2014年减少了7 090万吨 CO_2 排放，而使中国由此增加的 CO_2 排放占整个国内排放的10%，另外，中国从美国进口使中国节约了1 890万吨 CO_2 排放，占中国国内排放的2.9%。从污染的贸易条件来看，中国对美国污染贸易条件总体日益上升，说明中国出口含碳强度相对于中国进口含碳强度是增加的，中国出口污染排放贸易条件恶化，就中美双方来说，中国是污染的净出口国，美国是污染净进口国。

表4-5　2002—2014年中美贸易含能量、含碳量及净贸易条件

	2002	2003	2004	2005	2006	2007	2008
进口含能量	396	413	394	553	627	426	624
出口含能量	1 280	1 410	1 640	2 240	2 190	1 810	2 610
净贸易含能量	884	997	1 246	1 687	1 563	1 384	1 986
进口含碳量	843	879	840	1 180	1 340	908	1 330
出口含碳量	2 740	3 010	3 490	4 760	4 670	3 860	5 560
净贸易含碳量	1 897	2 131	2 650	3 580	3 330	2 952	4 230
进口含碳强度	5.57	5.28	5.26	5.92	5.76	3.52	4.21
出口含碳强度	4.84	4.69	4.66	5.66	5.47	3.68	4.34
净贸易条件	0.870	0.889	0.885	0.957	0.949	1.044	1.030
进口含能量	85	127	18	912	942	886	

表4-5(续)

	2009	2010	2011	2012	2013	2014
出口含能量	4 030	5 920	7 890	3 810	3 790	3 330
净贸易含能量	3 180	4 650	6 090	2 898	2 848	2 444
进口含碳量	1 810	2 700	3 830	1 940	2 010	1 890
出口含碳量	8 580	12 590	16 800	8 110	8 080	7 090
净贸易含碳量	6 770	9 890	12 970	6 170	6 070	5 200
进口含碳强度	4.81	5.92	6.60	2.93	2.97	3.04
出口含碳强度	5.11	6.09	6.65	3.02	3.19	3.26
净贸易条件	1.063	1.029	1.009	1.03	1.074	1.072

注：表中含能量的单位为万吨标准煤，含碳量单位为万吨CO_2，进出口含碳强度单位为吨/万元。

表4-6列举了2002年、2007年、2012年中美贸易23个行业进出口CO_2含碳强度以及行业污染贸易条件。其中，M_1、M_2分别代表中国出口含碳强度以及中国进口含碳强度，M_3代表行业污染贸易条件，M_4代表净贸易含碳强度。从表4-6可看出，大部分行业的出口含碳强度和进口含碳强度均呈下降趋势，这说明《京都协定书》对中美双方CO_2的排放起到了一定的约束作用。对中国而言，金属矿采掘业、石油加工、有色金属冶炼、废品废料以及非金属矿制品属于高碳污染产业，其出口含碳强度在2002—2014年间年平均依次为78吨、55.4吨、35.9吨、24吨及15.4吨。我们的研究表明，西方传统的污染产业如造纸业、纺织业以及衣服鞋帽行业对中国而言不属于污染产业的范畴，其产品出口含碳强度仅为5.74吨、7.93吨和0.23吨。而中国相对清洁的低碳出口产业是木材加工及家具、金属制品业、通信通用设备、交通运输设备、电气机械设备、仪器仪表及办公、工艺品制造业以及其他服务业，出口含碳强度分别为0.54吨、2.1吨、0.73吨、1.43吨、0.35吨、0.37吨、2.22吨与1.56吨(表4-6中

的 M_1）。尽管从出口含碳总量上说，中国巨额的贸易顺差使各个产业几乎都成为污染的净出口行业，但是就净贸易含碳强度来说中国很多行业是污染的净进口产业，即逆差产业（表4-6中的 M_4）。我们以2002—2014年中美23个行业的净贸易含碳强度 M_4 为研究对象，笔者发现采掘业、纺织服装业、木材加工业、非金属矿物制品业、金属制品业、通信计算机电子产业、电气机械及器材制造业、工艺品制造业为污染逆差行业，净贸易含碳强度依次为 -77 吨、-0.15 吨、-0.27 吨、-28.4 吨、-4.56 吨、-0.26 吨、-0.026 吨、-1.3 吨。污染的贸易条件 M_3 表现出一个行业国际贸易的环境竞争力，如果污染贸易条件小于1则代表这个贸易行业在能源消耗方面具有国际竞争力，反之亦然。以2012年各行业为例，行业污染贸易条件小于1的产业有金属矿采掘业、衣服鞋帽皮革、木材加工家具、造纸印刷业、非金属矿制品、金属制品业、通信通用设备、电气机械设备、工艺品制造业。服务业由于各项统计太过于笼统，无法将其进行细分，因此由这种方法计算的服务业进出口含碳量存在一定偏差。尽管服务业相对来说属于低碳清洁产业，但从表4-6可见我国服务业的污染贸易条件全部大于1，意味着相对美国的服务业，我国服务业尤其是处于制造链高端的知识密集型生产性服务业发展比较滞后，低端服务业在国民经济中仍然处于主导地位，这些都是造成中美贸易中服务业进出口呈现污染逆差状态的原因（表4-6）。

表4-6　中美贸易23个部门进出口含碳强度以及污染贸易条件对比一览表

行业	2002 年				2007 年				2012 年			
	M_1	M_2	M_3	M_4	M_1	M_2	M_3	M_4	M_1	M_2	M_3	M_4
农业	5.7	1.5	3.8	4.2	4	1.3	3.1	2.7	3	0.6	5.0	2.4
金属矿采掘业	144.9	361.6	0.4	-216.7	55	68.5	0.8	-13.5	43.5	63.1	0.7	-19.6
非金属矿采掘	4.5	13.4	0.3	-8.9	9.7	9.1	1.1	0.6	7.7	1.8	4.3	5.9
食品加工	15.7	8	2.0	7.7	9.3	4.9	1.9	4.4	10.3	4.9	2.1	5.4
纺织业	11.4	2.4	4.8	9	6.1	3	2.0	3.1	5.4	1.7	3.2	3.7

表4-6(续)

行业	2002 年				2007 年				2012 年			
	M_1	M_2	M_3	M_4	M_1	M_2	M_3	M_4	M_1	M_2	M_3	M_4
衣服鞋帽皮革	0.2	0.3	0.7	-0.1	0.2	0.3	0.7	-0.1	0.2	0.3	0.7	-0.1
木材加工家具	0.7	1.3	0.5	-0.6	0.3	0.5	0.6	-0.2	0.3	0.4	0.8	-0.1
造纸印刷业	7.7	5	1.5	2.7	4.4	3.8	1.2	0.6	3.2	4.7	0.7	-1.5
石油加工	27	25.7	1.1	1.3	44.5	53.4	0.8	-8.9	65.8	41.2	1.6	24.6
化学工业	16.2	9.3	1.7	6.9	11.9	7.6	1.6	4.3	8.3	4.8	1.7	3.5
非金属矿制品	16.3	69.2	0.2	-52.9	10.9	37.1	0.3	-26.2	9.2	14	0.7	-4.8
有色金属冶炼	47.8	50.1	1.0	-2.3	26.7	19.6	1.4	7.1	17.9	9.8	1.8	8.1
金属制品业	1.8	8.1	0.2	-6.3	1.8	5.3	0.3	-3.5	1.6	3.7	0.4	-2.1
通信通用设备	1	1.6	0.6	-0.6	0.5	0.6	0.8	-0.1	0.4	0.5	0.8	-0.1
交通运输设备	2.2	1	2.2	1.2	1.3	0.6	2.1	0.7	1.3	1	2.0	0.3
电气机械设备	0.39	0.37	1.1	0.02	0.31	0.32	1.0	-0.01	0.18	0.21	0.9	-0.03
仪器仪表办公	0.27	0.29	0.9	-0.02	0.31	0.29	1.1	0.02	0.22	0.18	1.2	0.04
工艺品制造业	2.85	3.51	0.8	-0.66	2.25	3.3	0.7	-1.05	0.97	1.48	0.7	-0.51
废品废料				0				0	9.3	1.9	4.9	7.4
建筑业	63.8	0.4	159.5	63.4	129.4	1.6	80.9	127.8	11	0.4	27.5	10.6
交通运输仓储	18.6	6	3.1	12.6	10.4	4.2	2.5	6.2	9	3.8	2.4	5.2
批发零售餐饮	16.3	7.6	2.1	8.7	9.9	2.8	3.5	7.1	1.9	1.7	1.1	0.2
其他服务业	1.6	0.8	2.0	0.8	1	0.5	2.2	0.5	1.1	0.5	2.2	0.6

注：M_1、M_2、M_4 单位均为吨／万元；$M_3 = M_1/M_2$。

二、影响中美贸易环境效应因素的实证分析

这一部分重点对中美贸易出口含碳量、出口含碳强度的各个影响因子进行分析。首先，我们考虑贸易结构对这两个因变量(出口含碳量、出口含碳强度)的影响。我们的数据是一个2002—2014年的23个横截面的面板数据，选

择固定效应分析方法进行分析。贸易结构用行业的贸易竞争力、行业出口比重以及行业外贸依存度三个指标来衡量。其中行业贸易竞争力指数用 t_i 表示，目的是为了检验具有贸易竞争力的行业与污染行业之间的相关程度。其中，

$t_i = \dfrac{E_i - I_i}{E_i + I_i}$ $(i = 1, 2, \cdots, n)$，i 代表行业，E_i 表示中国 i 行业向美国出口，I_i 表示中国 i 行业从美国的进口；行业出口比重用中国对美各行业出口额占其总出口额的比重表示；行业贸易依存度指的是中国向美国出口行业的外贸依存度。这里笔者分别就出口含碳量、出口含碳强度两个指标分别与行业出口比重、行业外贸依存度以及行业贸易竞争力这 3 个变量建立模型如下：

$$l_{CO_{2_{it}}^{ex}}, l_{CO_{2_{qit}}^{ex}} = a_i + \beta_{1_{it}} l_{stru_{it}} + \beta_{2_{it}} l_{trade_{it}} + \beta_{3_{it}} l_{comp_{it}} + u_{it} \tag{4-7}$$

其中 $i = 1, 2, 3, \cdots, 23$，代表 23 个生产部门，$t = 1, 2, 3, \cdots, 13$，代表中美双方 1997—2009 年的贸易时间段。两个被解释变量出口含碳量、出口含碳强度取对数后分别命名为 $l_{CO_{2_{it}}^{ex}}$、$l_{CO_{2_{qit}}^{ex}}$，行业出口比重、外贸依存度以及行业贸易竞争力取对数后分别命名为 $l_{stru_{it}}$、$l_{trade_{it}}$、$l_{comp_{it}}$，对各个模型分别做固定效应分析，其中模型 1~ 模型 4 的被解释变量为出口含碳量 $l_{CO_{2_{it}}^{ex}}$，模型 5~ 模型 8 的被解释变量为出口含碳强度 $l_{CO_{2_{qit}}^{ex}}$。我们发现，两个被解释变量的回归结果完全不一样。随着中国向美国出口行业比重的增加，行业外贸依存度加深以及行业贸易竞争力加大，出口中隐含的碳总量不断增加，表现为 $l_{CO_2^{ex}}$ 分别与 l_{stru}、l_{trade}、l_{comp} 为正相关关系，而出口贸易含碳强度却不断下降，表现为 $l_{CO_{2q}^{ex}}$ 与 l_{stru}、l_{trade}、l_{comp} 分别为负相关关系，意味着中国出口规模越大、贸易竞争力越强的产业每万元出口 CO_2 排放量越小（见表4-7）。这个结果表明，中国具有出口竞争力产业和高碳污染产业是两个概念，不能将中国出口规模大、贸易竞争力强的产业与污染产业划上等号。

表4-7　中国对美出口含碳量、出口含碳强度与出口贸易结构关系的固定效应分析

变量	$l_{CO_2^x}$				$l_{CO_{2q}^{ex}}$			
	模型1	模型2	模型3	模型4	模型5	模型6	模型7	模型8
c	17.8*** (62.95)	22.07*** (42.0)	16.32*** (529.6)	23.9*** (40.85)	1.22 (5.41)	−0.33 (−0.73)	1.40*** (36.93)	1.10** (2.21)
l_{stru}	0.46*** (6.59)			0.09 (0.51)	−0.108* (−1.93)			−0.045 (−0.58)
l_{trade}		0.97*** (11.67)		1.19*** (9.54)		−0.32*** (−4.4)		−0.018 (−0.18)
l_{comp}			0.102*** (3.3)	0.101** (2.51)			−0.025 (−0.52)	−0.036 (−0.65)
F 值	129.7***	179.9***	119.3***	197.4***	332.0***	336.2***	343.8***	341.98***
调整 R^2	0.91	0.93	0.91	0.95	0.96	0.96	0.97	0.97
观测值个数	293	293	224	224	293	293	224	224

注：*、**、*** 分别代表在10%、5%、1%的显著水平上通过检验。

随后我们剔除贸易结构因素，分析其他出口含碳量、出口含碳强度的影响因子。我们面板数据采用的时间维度依然是从2002—2014年的时间段，考虑到污染指标的获得的可行性，28个横截面继续进行合并成23个，因此下面的面板数据属于"大 N 小 T 型"，即横截面数据大于时间序列数据。由于方程设定中考虑到前期出口含碳量以及前期出口含碳强度对被解释变量的影响，我们在模型设定中考虑用被解释变量滞后一期的动态面板模型进行分析，为了去除面板数据时间序列的内生性问题以及消除个体效应，笔者选择合适的工具变量，使之与被解释变量滞后一期相关而与干扰项不相关。在此笔者采用动态面板的广义矩（GMM）(-1) 估计方法，选择滞后两期的被解释变量作为解释变量的工具变量，模型如下：

$$l_{CO_2^{ex}_{it}}, l_{CO_{2q_{it}}^{ex}} = c_i + \beta_{1_{it}} l_{CO_2^{ex}(-1)} , \beta_{1_{it}} l_{CO_{2q_{it}}^{ex}(-1)} + \beta_{2_{it}} l_{export_{it}} + \beta_{3_{it}} l_k / l_{it} + \beta_{4_{it}} l_{zhili_{it}} +$$

$$\beta_{5_{it}} l_{import(-1)_{it}} + \beta_{6_{it}} \alpha_1 l_{gdp_{it}} + \beta_{7_{it}} l_{fdim_{it}} + \beta_{8_{it}} \alpha_2 l_{fdiq_{it}} + \mu_{it} \tag{4-8}$$

式中：$i = 1, 2, 3, \cdots, 23$，代表23个生产部门，$t = 1, 2, 3, \cdots, 13$，代表中美双方 1997—2009年的贸易时间段。被解释变量取对数命名为 $l_{CO_2^{ex}_{it}}$，因变量为 $l_{CO_2^{ex}_{it}}$ 的滞后一期，取对数后命名为 $l_{CO_2^{ex}_{it(-1)}}$，其余因变量分别为中国各行业资本与劳动比、中国各行业出口滞后一期、中国从美国进口的滞后一期、中国历年投入环境污染治理的费用占 GDP 的比重、各行业总产值、美国历年流入中国的 FDI，全球历年流入中国的工业 FDI，取对数后分别命名为 $l_{CO_2^{ex}_{it}}$、$l_{CO_2^{ex}_{it(-1)}}$、l_k/l_{it}、$l_{export_{it}}$、$l_{import(-1)_{it}}$、$l_{zhili_{it}}$、$l_{gdp_{it}}$、$l_{fdim_{it}}$、$l_{fdiq_{it}}$。接下来，我们对出口含碳强度的影响因素进行实证建模，被解释变量取对数后命名为 $l_{CO_2 q^{ex}_{it}}$，因变量是 $l_{CO_2 q^{ex}_{it}}$ 的滞后一期，其他解释变量同上。

Antweiler(2001)指出当发生中性技术进步时，也就是资本与劳动之比（l_k/l）不变时，行业污染强度不变，当发生资本偏向性技术进步时，l_k/l 随之增大，行业污染强度也会增强，资本的增长的同时会带来污染的增长。因此笔者预计 l_k/l 这一变量将会正向地影响出口碳排放（$l_{CO_2^{ex}_{it}}$）和出口含碳强度（$l_{CO_2 q^{ex}_{it}}$）。行业资本数据（k）来自1998—2010年中国统计年鉴，行业劳动力就业的数据（l）来自1998—2008年的中国劳动统计年鉴由笔者整理计算得出。中国每年投入环境污染治理费用占 GDP 的比重 (zhili)、各行业总产值 (gdp)、中国 FDI 流入量数据分别来自1998—2010年的中国环境统计年鉴、中国工业经济统计年鉴等。各行业的污染排放系数来自中国能源统计年鉴。因为部门行业总产值只含农业和工业数据，服务业只有生产增加值数据。为了去除缺失数据带来的影响，笔者令虚拟变量 $a_1 = 1$ 代表农业和工业，0代表服务业，于是 $a_1 \cdot l_{gdp}$ 代表农业与工业各个行业总产值。f_{dim} 表示美国历年流入中国的 FDI 数据，fdiq 代表进入中国各工业部门的全球外商资本。fdiq 数据来自历年中国工业经济统计年鉴，由于数据仅有工业部门数据，笔者令第二个虚拟变量 $a_2 = 1$，仅仅代表各个工业部门，其余部门为0，从而剔除了农业与服务业的影响。被解释变量为出口含碳量的面板模型，用模型1~模型5来表示；被解释变量为出口含碳强度的面板模型，用模型6~模型10来表示。对每一个因变量笔者分别运用固定效应、随机效应以及动态面板的广义矩模型（GMM）进行分析。在出口含碳量 $l_{CO_2}^{ex}$ 的计量模型里，模型1和模型2中的各个自变量 l_{export}、l_k/l、l_{zhili} 都以高度的统计显著性通过了固定效应、随机效应以及动态面板的广义矩检验（GMM检验由于篇幅有限此处没有列出结果），各个模型的系数结果比较稳定，说明模型的效果较好。但当笔者依次加入 $l_{import(-1)}$、$a_1 \cdot l_{gdp}$、l_{fdim} 以及 $a_2 \cdot l_{fdiq}$ 变量后，FE分析与RE分析结果变得不显著（由于表4-7的篇幅有限没有注明检验结果），而在GMM的检验结果（模型4和模型5）每个变量都以高度的统计显著性通过检验，模型效果很好。

模型5的结果表明：前一期中国出口 l_{CO_2} 排放每增加1%，会令当期出口 l_{CO_2} 排放增加0.26%；而当期出口每增加1%，l_{CO_2} 排放增加0.38%；中国各部门的资本劳动比（l_k/l）每增加1%，l_{CO_2} 排放量增加0.24%，证明了污染排放和行业人均资本规模高度相关，资本强度高的行业更易产生 CO_2 排放，资本强度低的行业更有利于节能减排；近年来，中国加大了对环境治理的力度，环境治理费用的投资逐年增加，1999年仅占GDP的1%，2008年达到1.49%。模型5的分析结果进一步表明，中国环境治理费用占GDP的比重每增加1%，中国向美国出口 CO_2 排放量减少0.2%，说明中国对环境治理的费用投入程度对出口 CO_2 排放减少作用显著；值得注意的是，中国从美国的进口对中国出口 CO_2 排放影响显著。模型5表明，中国前期进口每增加1%，中国出口 CO_2 排放就减少0.21%。这可能是由于中国从美国进口中间品，加工后制成成品出口美国从而降低了中国生产领域的碳排放，引起出口含碳量减少。从另外一个角度，也暗示了中国生产领域碳排量大于美国生产领域碳排量，要想使中国在中美贸易中改变污染顺差国的地位，从某种程度上要加大从美国的进口，尤其是污染品的进口，减少自身对污染品的生产；自变量 $a_1 \cdot l_{gdp}$ 表明随着各农业与工业(剔除服务业)总产值的增加，向美国出口所隐含的 CO_2 排放量在递减；FDI 对中国出口含碳量的影响是不确定的。l_{fdim} 变量代表的是研究期间美国向中国流入的 FDI，为国家层面非行业层面数据，美国向中国流入 FDI 每增加1%，中国向美出口 CO_2 排放量减少0.73%，表明美国向中国 FDI 流入的增加会降低中国出口 CO_2 排放量，与著名的"污染天堂"理论相反。$a_2 \cdot l_{fdiq}$ 指中国各工业行业所吸收的全球资本(剔除农业与服务业)，是一个行业层面的面板数据，表明中国各工业部门吸收外资每增加1%，中国出口 CO_2 排放增加0.05%，证明了"污染天堂"的存在。对 FDI 变量解释结果不一致的原因可能是，从美国资本角度来说，美国对中国相对清洁的低碳产业注入了一定的资本量，而从全球资本角度来说，这些资本整体上投入中国相对污染的高碳工业产业，导致了全球污染产业在华转移。比较模型1~模型5与模型6~模型10，实证结果最大的区别在于，当期出口额的回归系数正好相反，模型1~模型5中出口含碳量与出口额成正比，模型6~模型10中出口含碳强度与出口额成反比(见表4-8)，研究结果表明：随着中国对美出口总量的增加，中国对美出口含碳总量是上升的，每万元出口的含碳强度是下降的，证实了相对于中国对美出口总量增长的速度，出口 CO_2 排放速度在下降，从某种程度也证明了中国在出口节能减排方面有了一定成效。

美国和中国作为世界上最强的贸易大国与经济大国，两国的 CO_2 排放在全球分别名列第一与第二，其中美国 CO_2 排放以消费领域为主，而中国 CO_2 排放以生产领域为主。2010年，中国超越德国成为世界上最大的出口国，平均每年的出口增速是 GDP 的1.5倍，出口占 GDP 的比重已经超过37%，出口隐含的 CO_2 排放占全国总排放的1/4以上。本研究以投入产出法计算出中美贸易中所隐含的 CO_2 排放，出口含碳强度与进口含碳强度，计算出中美贸易各个行业的污染贸易条件，得出如下结论：

表4-8 中美贸易出口含碳量、出口含碳强度影响因子的动态面板广义矩分析

解释变量	被解释变量									
	$l_{CO_2}^{ex}$					$l_{CO_{2q}}^{ex}$				
	模型 1 FE	模型 2 RE	模型 3 GMM	模型 4 GMM	模型 5 GMM	模型 6 FE	模型 7 RE	模型 8 GMM	模型 9 GMM	模型 10 GMM
c	6.74***	6.16***				15.68*** (13.86)	15.37*** (14.25)			
$l_{CO_2^{ex}(-1)}$			0.39*** (293.3)	0.39*** (81.99)	0.26*** (16.42)					
$l_{CO_{2q}^{ex}(-1)}$							0.32*** (66.03)	0.31*** (75.3)	0.14*** (31.66)	
l_{export}	0.33*** (6.51)	0.35*** (7.32)	0.40*** (64.6)	0.17*** (34.42)	0.38*** (46.53)	-0.67*** (-13.0)	-0.65*** (-13.8)	-0.65*** (-591.1)	-0.67*** (-466.2)	-0.56*** (-88.84)
l_k/l	0.20*** (6.93)	0.20*** (6.99)	0.17*** (44.25)	0.40*** (89.30)	0.24*** (28.55)	0.20*** (6.93)	0.20*** (6.99)	0.40*** (155.7)	0.35*** (101.3)	0.27*** (19.64)
l_{zhili}	-1.17*** (-3.34)	-1.21*** (-3.51)	-0.82*** (-69.99)	-0.82*** (-51.3)	-0.20** (-2.11)	-1.17*** (-3.34)	-1.21*** (-3.51)	-1.03*** (-115.8)	-0.94*** (-66.99)	-0.59*** (-30.62)
$l_{import(-1)}$			-0.26*** (-48.65)	-0.27*** (-53.79)	-0.21*** (-33.54)				-0.15*** (-44.39)	-0.16*** (-38.38)
$a_1 \cdot l_{gdp}$			-0.34*** (-21.99)	-0.34*** (-23.81)	-0.51*** (-28.00)				-0.19*** (-11.67)	-0.41*** (-10.38)
l_{jdim}				-0.05*** (-4.60)	-0.73*** (-19.72)				-0.29*** (-68.13)	-0.71*** (-62.94)

表 4-8(续)

被解释变量

解释变量	$l_{CO_2}^{ex}$					$l_{CO_{2q}}^{ex}$				
	模型 1 FE	模型 2 RE	模型 3 GMM	模型 4 GMM	模型 5 GMM	模型 6 FE	模型 7 RE	模型 8 GMM	模型 9 GMM	模型 10 GMM
$a_2 \cdot l_{diiq}$					0.1*** (38.04)					−0.08*** (−50.21)
F 值	218.7	91.09***				238.7***	103.4***			
调整 R^2	0.956	0.52				0.969	0.55			
观测值个数	249	249	225	221	171	249	249	221	221	171
因变量均值				0.067	0.068			−0.051	−0.051	−0.02
回归标准差				0.379	0.37			0.377	0.369	0.363
J 值				17.76	12.24			21.12	18.26	13.43

注：*、**、*** 分别代表在 10%、5%、1% 的显著水平上通过检验。

(1)以中美贸易为研究基础，中国各行业污染的贸易条件呈日益上升趋势，说明中国向美出口CO_2排放强度相对于中国从美进口CO_2排放强度是增加的，中国的行业污染贸易条件恶化。就中美双方来说，中国是CO_2的净出口国，美国是CO_2的净进口国。中国的采掘业、纺织服装业、木材加工业、非金属矿物制品业、金属制品业、通信计算机电子产业、电气机械及器材制造业、工艺品制造业的污染贸易条件均小于1，属于相对干净的产业，中国在这些生产领域的节能减排方面具有一定的竞争力。

(2)中国出口规模大，出口比重高、具有贸易竞争力的产业不等同于污染产业。贸易竞争力越强，出口比重越大，外贸依存度越高的产业出口含碳强度越低，表明中国出口竞争力越强的产业其节能减排的能力越强。

(3)中国对美出口总量的增长引起中国对美国出口含碳总量的增加，同时带来了出口含碳强度的下降，表明相对出口总量增加的速度，CO_2排放速度呈下降趋势。

(4) FDI这个因素对出口CO_2排放的影响是不确定的，从整体上来说，全球工业FDI在华增长确实引起了全球污染产业向华转移，但单从美国的角度，其FDI在华的增长带来了出口CO_2排放的减少，说明美国的FDI在某种程度上投入了中国较清洁的产业。

(5)一个行业的资本劳动比从某种意义上表明了一个产业节能减排的能力。产业的资本强度越大，成为高碳产业的可能性越大。

尽管中美贸易中中国付出了沉重的环境代价，整体上污染的贸易条件在恶化，但我们也应该看到中国每万元出口隐含的碳排放相对于其出口增加的速度在逐步下降，这是一个可喜的成绩。为了改变中国不利的贸易环境，首先中国必须改变以资源密集型产品出口为主的局面，改变以量取胜、粗放型增长的外贸出口模式，加快外贸出口结构转变，努力扭转以低端制造品为主的出口现状，限制高能耗产品的出口规模，通过实现环境目标的压力来促进自身贸易结构的优化。其次，长期以来中国致力于工业制造品的生产，占 GDP 增加值比重40% 的制造业耗费了中国70% 左右的能耗。尽管工业化进程的特点决定了中国高能耗的现状，但是我国工业生产中特有的粗放型增长，求速不求量的增长方式加剧了能源消耗的步伐。因此，中国需要加快产业结构调整，限制低端的高能耗制造品生产，鼓励高端制造业的发展，从粗放型增长向集约型增长方式转变，加快能耗相对较低的服务业尤其是高端生产性服务业的发展。只有这样，才有可能从根本上降低中国生产领域的碳排放，使中国的生产环节从全球供应链的低端走向供应链的高端，从"微笑曲线"的谷底爬到高处，从高碳产业走向低碳产业，这才是解决环境问题的根本。另外，尽管提倡低碳消费，但鉴于某些污染品消费的不可替代性，中国应该加强对污染品的进口。

第三节　多区域投入产出表的特点及主要构成

多区域环境投入产出法（MRIO）需要各国的碳排放技术系数和投入产出系数，数据主要来自于 GTAP、GRAM、OECD 投入产出数据库和世界投入产出数据库（WIOD）。GTAP 数据库没有延续的投入产出表，对贸易流向采用假定的比例，具有一定的偏差。全球资源计算模型（GRAM）以消费为基础计算53个国家48个部门的碳排放。其年份局限于1995—2005年，世界其余部分贸易数据缺失，服务业投入产出数据不全面。世界投入产出数据库（WIOD）的优点在于能够同时区分各国不同的投入产出和碳排放系数，每个国家都拥有能源账户（蒋雪梅 等，2013）。多位学者利用多区域投入产出法测算出口隐含碳排放（Tukker et. al.，2013；Wilting，2012；Su，2011；彭水军 等，2015）。Hübler 等（2014）、De Haan（2001）、Edens 等（2011）、Kukla 等（2009）、杜运苏等（2012）

分别对贸易隐含碳排放量进行结构分解，但是上述学者对贸易碳排放的测算并不是基于多区域投入产出法，因而结构分解缺乏一定的严谨性。

一、全球资源计算模型（GRAM）

全球资源计算模型（GRAM）是一个多区域的投入产出模型（MRIO)，计算了1995—2005年之间以消费为基础的53个国家以及两个地区48个部门的碳排放。这些国家覆盖了世界95%的GDP和95%的碳排放。每一个国家都具有技术系数，即矩阵A的中间产业需求投入产出模型方程，最终需求向量为y，部门产出向量为x，有如下公式：

$$Ax+y=x \qquad (4-9)$$

$$y=(I-A)x \qquad (4-10)$$

$$x=(I-A)^{-1}y \qquad (4-11)$$

延伸至区域为c的多区域投入产出模型为：

$$\begin{pmatrix} x_{11} & x_{12} & \cdots & x_{1c} \\ x_{21} & x_{22} & \cdots & x_{2c} \\ \vdots & \vdots & \ddots & \vdots \\ x_{c1} & x_{c2} & \cdots & x_{cc} \end{pmatrix} = \begin{pmatrix} I-A_{11} & -A_{12} & \cdots & -A_{1c} \\ -A_{21} & I-A_{22} & L & -A_{2c} \\ \vdots & \vdots & \ddots & \vdots \\ -A_{c1} & -A_{c2} & \cdots & I-A_{cc} \end{pmatrix}^{-1} \begin{pmatrix} y_{11} & y_{12} & \cdots & y_{1c} \\ y_{21} & y_{22} & \cdots & y_{2c} \\ \vdots & \vdots & \ddots & \vdots \\ y_{c1} & y_{c2} & \cdots & y_{cc} \end{pmatrix}$$

x_{ij}代表部门国家i的部门产出矢量，能够直接或间接地满足国家j的需求。A_{ij}是区域间矩阵投入产出系数。y_{ij}是国家j对国家i的产品的消费需求。由于GRAM投入产出模型考虑的是48个产业部门，因此x_{ij}、y_{ij}、A_{ij}均为48×1或者是48×48的矩阵向量。i和j分别代表国家矢量而不是部门矢量。如果$i=j$，多区域投入产出系数A_{ij}就转化成为单区域投入产出系数。GRAM多区域投入产出模型使用污染强度系数矩阵，对生产x的污染矩阵P由下述公式组成：

$$P=\hat{E}x=E(I-A)^{-1}y \qquad (4-12)$$

$\hat{E}$是一个矩阵代表对角线上每一个部门的碳排放强度，从而产生了污染矩

阵 P，是由矢量 p_{ij} 组成，每一个矢量 p_{ij} 上的元素 p_{ij}^m 代表国家 j 对国家 i 的部门 m 的最终污染排放需求，包括国家 i 满足国家 j 的 m 部门的中间商品和最终商品的污染排放条件为：

$$\begin{pmatrix} p_{11} & p_{12} & \cdots & p_{1c} \\ p_{21} & p_{22} & \cdots & p_{2c} \\ \vdots & \vdots & \ddots & \vdots \\ p_{c1} & p_{c2} & \cdots & p_{cc} \end{pmatrix} = \begin{pmatrix} \hat{E}_1 & 0 & \cdots & 0 \\ 0 & \hat{E}_2 & 0 & 0 \\ 0 & 0 & \hat{E}_3 & 0 \\ 0 & 0 & 0 & \hat{E}_4 \end{pmatrix} \times$$

$$\begin{pmatrix} I - A_{11} & -A_{12} & \cdots & -A_{1c} \\ -A_{21} & I - A_{22} & \cdots & -A_{2c} \\ \vdots & \vdots & \ddots & \vdots \\ -A_{c1} & -A_{c2} & \cdots & I - A_{cc} \end{pmatrix}^{-1} \begin{pmatrix} y_{11} & y_{12} & \cdots & y_{1c} \\ y_{21} & y_{22} & \cdots & y_{2c} \\ \vdots & \vdots & \ddots & \vdots \\ y_{c1} & y_{c2} & \cdots & y_{cc} \end{pmatrix} \tag{4-13}$$

如果 $\hat{E}_c$ 是一个行向量矩阵不是一个对角矩阵，则相应的 $p_{ij}s$ 代表国家 i 为了满足国家 j 的最终需求而排放的整个污染。如果污染矩阵 P 没有进入对角矩阵形式，P 矩阵的行向量和列向量则分别为污染品的出口和进口，代表国内消费所产生的污染。s 国出口所产生的 CO_2 即为 $\sum_j (p_{sj}) - (p_{ss})$，这里 (p_{ij}) 代表矢量元素 p_{ij} 的总和，同时 s 国进口所产生的 CO_2 表示为 $\sum_j (p_{is}) - (p_{ss})$。

二、世界投入产出表（WIOD）

世界投入产出表（WIOD）（表4-9)提供了中间品的投入产出系数以及具体贸易对象国具体产业的进出口增加值，分离了各国中间品和最终品进出口增加值。例如以往的投入产出表海关 HS 分类统计数据无法说明当德国汽车生产过程中购买了中国橡胶产业作为中间投入，最终将这辆汽车出口到日本的进出口情况。另外，世界投入产出表（WIOD）提供了1995—2011年延续年份的投入产出数据，将41个主要国家和地区包括欧盟27个国家、美国、日本、加拿大、墨西哥、中国等，每个国家35行业的国内中间需求、国内最终需求增加值汇总到一张表上。

表 4-9 世界投入产出表（WIOD）的构成

		中间使用				最终使用				总产量
		国家A（部门1…部门n）	…	国家n（部门1…部门n）	其他国家（部门1…部门n）	国家A（部门1…部门n）	…	国家n（部门1…部门n）	其他国家（部门1…部门n）	
国家A（最终品中间品 部门1…部门n）		A 国对自己各部门中间品的需求	…	A 国对 n 国各部门中间品的出口需求	A 国对其他国家各部门中间品的出口需求	A 国对自己各部门最终品的需求	…	A 国对 n 国各部门最终品的出口需求	A 国对其余国家最终品的需求	A 国总产量
…		…	…	…	…	…	…	…	…	…
国家n（最终品中间品 部门1…部门n）		n 国对 A 国各部门中间品出口需求	…	n 国对自己各部门中间品的需求	n 国对其余国家各部门中间品的需求	n 国对 A 国最终品的出口需求	…	n 国对自己最终品需求	n 国对其余国家最终品的需求	n 国总产量
其他国家（最终品中间品 部门1…部门n）		其他国家对 A 国各部门中间品的出口需求	…	其他国家对 n 国各部门中间品的出口需求	其他国家对自己各部门中间品的需求	其他各国对 A 国各部门最终需求品的出口需求	…	其他国家对 n 国部门最终品的出口需求	其他国家对自己各部门最终品需求	其他国总产量
增加值		增加值	…	增加值	增加值					
总产量		A 国总产量	…	n 国总产量	其他国总产量					

假设一国总产量为 G，c 为国内最终消费，ex 代表出口，im 为进口，in 代表间接需求，fi 代表最终需求，d 表示本国，t 为他国，则有

$$G_{d(m\cdot1)} = \left[1 - A_{d(m\cdot m)}\right]^{-1}\left[j_{d(m\cdot1)}^c + j_{d(m\cdot1)}^{ex}\right] = k_d\left[j_{d(m\cdot1)}^c + j_{d(m\cdot1)}^{ex}\right] \tag{4-14}$$

$G_{d(m\cdot1)}$ 是国内 m 部门产量，$A_{d(m\cdot1)}$ 是国内 m 部门投入产出生产系数矩阵，$[I-A_{d(m\cdot1)}]^{-1}$ 为国内列昂惕夫逆矩阵，j_d^c 是国内的最终消费，j_d^{ex} 是国内出口，根据世界投入产出表，国内出口由对其余40个国家的间接出口和最终出口加总构成，即有：

$$j_d^{ex} = \sum_{n=1}^{40} j_{dn}^{ex} = \sum_{n=1}^{40} j_{dn}^{ex^{in}} + \sum_{n=1}^{40} j_{dn}^{ex^{fi}} \tag{4-15}$$

$j_{dn}^{ex^{in}}$ 和 $j_{dn}^{ex^{fi}}$ 代表国内对 n 国的间接出口和最终出口，一国隐含的出口碳排放表示为：

$$G_d^{ex} = k_{d(1\cdot m)} \times h_d\left[j_{d(m\cdot1)}^{ex^{in}} + j_{d(m\cdot1)}^{ex^{fi}}\right], k_{d(1\cdot m)} = \left[k_{d1}, k_{d2}, k_{d3}, \ldots, k_{dm}\right] \tag{4-16}$$

$k_{d(1\cdot m)}$ 代表国内部门 m 的 CO_2 排放系数，$h_{d(1\cdot m)} = \left[k_{d1}, k_{d2}, k_{d3}, \cdots, k_{dm}\right]$。一国总的进口量为：

$$j_{dn}^{im} = \sum_{n=1}^{40} j_{dn}^{im} = \sum_{n=1}^{40} j_{dn}^{im^{in}} + \sum_{n=1}^{40} j_{dn}^{im^{fi}}, n=1,2,\cdots,40 \tag{4-17}$$

$j_{dn}^{im^{in}}$ 为本国对 n 国的间接进口，$j_{dn}^{im^{fi}}$ 为本国对 n 国的最终进口，一国进口隐含的碳排放量为：

$$C_{dn}^{im} = k_{n(1\cdot m)} \times (I - A_n)\left[j_{d(m\cdot1)}^{im^{in}} + j_{d(m\cdot1)}^{im^{fi}}\right] = k_{n(1\cdot m)} \times h_n\left[j_{d(m\cdot1)}^{im^{in}} + j_{d(m\cdot1)}^{im^{fi}}\right] \tag{4-18}$$

与之前学者们所用投入产出表不同的是，世界投入产出表（WIOD）考虑了各个国家 n 的部门 m 中间品的间接进口，其能源账户体现了国家 n 部门 m 的碳排放量，通过计算可以得到国家 n 部门 m 的碳排放系数：

$$h_{n(1\cdot m)} = \left[k_{n1}, k_{n2}, k_{n3}, \cdots, k_{nm}\right], n=1,2,\cdots,40 \tag{4-19}$$

无论是单区域投入产出法和多区域投入产出法对出口碳排放的计算差异性并不大，只需要用本国的列昂惕夫逆矩阵 h_d 和本国碳排放系数 $k_{d(1\cdot m)}$ 对本国

出口碳排放进行测算。然而，两者最大的区别就在于对进口隐含碳排放的测算。在单区域投入产出法下，无论 n 是发达国家还是发展中国家，都有：

$$k_{n(1 \cdot m)} = k_{d(1 \cdot m)}, \ n = d, \ 且 \ k_m = k_d, \ m = d \tag{4-20}$$

单区域投入产出表下的进口国的投入产出系数和碳排放系数均用中国系数进行替代。而多区域投入产出表下进口国投入产出表系数和碳排放系数采用的是各个细分进口国的真实系数。在世界投入产出表成为分析工具之前，由于缺乏进口国的技术系数，因此之前学术界均采用国内技术系数进行替代。世界投入产出表系数难以在研究报告中体现，这里我们只列出各个国家各个细分制造业的碳排放系数，见表4-10。

第四节　多区域世界投入产出表下中国及各国隐含出口碳排放测算

在多区域的世界投入产出表（WIOD）下，我们根据式4-18和式4-19将 k_n 和 h_n 两个指标对应到每一个进口国，保证进口隐含碳排放测算的科学性和准确性。本部分摒弃了传统的"国内投入产出技术假定"和"国内产业碳排放系数替代"原则，利用世界投入产出表（WIOD）对世界各国贸易中隐含的碳排放量进行测算。本研究最大的特点在于，以"消费者负责"的角度，利用SDA方法对出口外需排放分解成本国产业碳排放强度，消费国对本国投入产出系数的关联程度，消费国进口结构变化、消费国进口需求总量变化，站在消费国的视角来分解出口隐含碳排放量。并且对比分析了中国与发达国家代表美国、与发展中国家的金砖四国的出口排放结构因素，认为"消费者负责"原理下影响中国出口碳排放最大因素的并不是本国产业碳排放强度，而是消费国的进口总量以及对中国中间品投入产出技术的依赖程度。另外，本研究测算并对比了单区

表 4-10 2009 年各个国家细分制造业的碳排放系数一览表

（单位：吨 / 万美元）

行业	中国	日本	美国	加拿大	德国	法国	荷兰	丹麦	俄罗斯	墨西哥	印度	巴西
农业畜牧业	1.342	1.001	1.466	2.763	1.061	1.116	2.885	1.855	2.456	3.966	1.845	1.834
采矿业	4.194	6.836	3.177	9.410	3.602	2.006	0.881	2.311	6.265	3.552	26.325	2.620
食品加工业	0.909	0.315	0.784	1.321	0.497	0.826	0.452	0.589	0.445	0.410	5.331	0.266
纺织业	0.764	0.544	1.481	1.571	0.326	0.310	0.454	0.323	0.729	1.846	1.175	0.544
皮毛皮革	0.261	0.342	0.558	1.459	0.209	0.239	0.000	0.552	0.516	0.911	0.362	0.365
木材木制品	0.677	0.423	1.845	1.848	0.374	0.332	0.594	0.282	1.890	1.233	10.710	0.400
纸张印刷业	2.198	0.966	1.438	2.678	0.756	0.532	0.470	0.304	0.773	1.794	4.344	0.957
炼油	3.924	1.590	3.937	11.796	2.225	2.150	2.716	1.584	5.353	7.878	4.296	2.061
化学化工	3.340	1.843	2.223	4.857	1.801	0.981	1.717	0.299	15.584	2.131	5.417	1.619
橡胶塑料	0.671	0.195	0.295	1.281	0.210	0.206	0.175	0.341	0.385	1.231	1.085	0.381
其他非金属制品业	17.715	9.380	11.984	18.141	7.583	5.707	2.331	7.497	29.306	15.028	24.621	8.768
金属制品业	4.757	2.166	2.109	5.905	1.845	1.140	1.905	0.387	19.918	3.034	7.630	3.297
机器	0.575	0.125	0.590	0.716	0.109	0.147	0.126	0.118	0.600	0.844	1.080	0.226
电子光学设备	0.132	0.154	0.222	0.557	0.089	0.132	0.144	0.063	0.401	0.436	0.660	0.311
交通设备	0.451	0.144	0.340	0.498	0.108	0.133	0.132	0.269	0.594	0.279	1.528	0.118
其他制造业	0.665	0.664	0.268	1.274	0.157	1.355	0.242	0.172	0.420	2.066	0.127	0.309

域投入产出法和多区域投入产出法的中国消费侧进口外需排放，分离了传统测算方法下虚夸的进口省能量，并计算了中国真实的碳泄漏净值。

首先，尽管世界投入产出表更新至2011年，其环境污染账户只更新至2009年，因此本研究所计算的出口隐含真实碳排放到2009年截止。根据各国的价格指数，以2005年为基期进行平减，得到剔除价格因素的世界投入产出表，利用MATLAB 7.1软件计算出具有代表性国家在1995年、2001年和2009年三个研究时间点真实的出口隐含碳排放。1995—2009年间中国隐含的出口碳排放量是最大的，年均增幅为8%。发达国家碳排放的增长幅度明显低于发展中国家，加拿大、法国和美国甚至为负增长。1995—2009年间，中国、印度、巴西、俄罗斯出口碳排放增长额分别为2.1亿吨、0.35亿吨和1.37亿吨，而德国、英国和日本出口碳排放增长额仅为0.73亿吨、0.35亿吨和1.06亿吨，美国、加拿大和法国出现了负增长分别为 -0.35亿吨、-0.24亿吨和 -0.09亿吨。中国污染出口排放比重远远大于出口比重，是表4-11中两指标偏离最大的国家，例如中国出口碳排放量占全球比重为35%，出口占全球比重仅为12%，欧盟、美国、日本出口碳排放占全球出口排放比重依次为18%、8%、4%，而出口的全球比重依次高达47%、13% 和6%。我们将1995年、2001年、2009年各个国家(或地区)出口碳排放全球占比 / 出口值全球占比为研究指标 π 绘制成图4-5。发达国家出口碳排放的全球比重明显低于出口全球比重，即 π 值小于1，发展中国家则相反，出口碳排放全球比重明显高于出口全球比重，即 π 值大于1。各国的 π 值下降趋势非常明显，1995年中国 π 值为7.3，2009年降到2.9，中国的 π 值最大，欧盟国家的 π 值最小。π 值的意义在于偏离越大，决定出口碳排放总量因素表现更多样化。

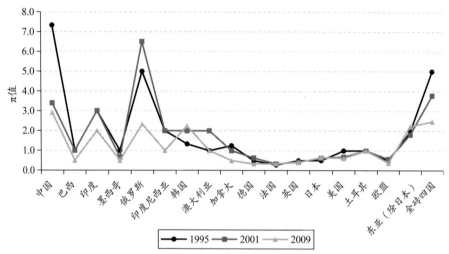

图4-5 1995年、2001年和2009年代表性国家（或地区）π值对比

注：π=出口碳排放全球占比/出口值全球占比。

表4-11 2009年世界各国与地区碳排放强度系数

（单位：吨/万美元）

国家（地区）	碳排放强度系数	国家（地区）	碳排放强度系数	国家（地区）	碳排放强度系数
卢森堡	0.2	芬兰	1.2	土耳其	2.2
法国	0.5	葡萄牙	1.2	墨西哥	2.4
爱尔兰	0.6	斯洛文尼亚	1.4	罗马尼亚	2.5
瑞典	0.6	丹麦	1.4	韩国	2.6
奥地利	0.7	马耳他	1.6	印度尼西亚	3.1
西班牙	0.8	匈牙利	1.6	波兰	3.2
意大利	0.8	美国	1.7	爱沙尼亚	3.8
巴西	0.9	斯洛伐克	1.7	保加利亚	3.9
比利时	0.9	塞浦路斯	1.8	中国	4.1
拉脱维亚	0.9	立陶宛	1.8	印度	5.8
日本	1.0	加拿大	1.8	俄罗斯	6.5
英国	1.1	澳大利亚	1.9	欧盟	1.0
德国	1.1	希腊	1.9	金砖四国	4.1
荷兰	1.1	捷克	2.1	东亚	3.2

　　另外，本节测算的中国与发展中国家虚拟进口排放与实际进口排放偏离的差额要远远小于发达国家。事实上，包括中国在内的发展中国家碳排放系数趋近，测算出来的实际进口排放与虚拟进口排放的 Δc 值较小，如俄罗斯和印度，中国与这两国虚拟排放与实际排放的差额 Δc 值甚至为负，成为研究对象中唯一出现负值的两个国家，即中国对这两国实际进口排放小于虚拟进口排放。出现这种情况的原因在于：第一，2009年俄罗斯、印度、中国的碳排放系数分别为6.5吨/万美元、5.8吨/万美元和4.1吨/万美元(见图4-6和表4-11)，其中俄罗斯和印度的碳排放系数高于中国导致 a' 值为负，但中国嵌入全球分工环节的程度更深导致 b' 值为正，两个指标的中和效应体现出来的正是中国对俄、对印虚拟进口排放和实际进口排放的差额 Δc 值。

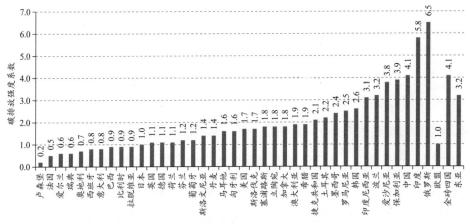

图4-6　2009年世界各国与地区碳排放强度从低至高排列（单位：吨/万美元）

第五节　中国及各国出口碳排放的结构分解与环境效应评估

　　我们利用结构分解法（SDA）对包括中国在内的39个国家(剔除掉世界其余部分和冰岛)的出口隐含碳排放量进行分解。

$$\Delta c = c_1 - c_0 = C_1 L_1 M_{s1} M_{t1} - C_0 L_0 M_{s0} M_{t0}$$
$$= \Delta C L_1 M_{s1} M_{t1} + C_0 \Delta L M_{s1} M_{t1} + C_0 L_0 \Delta M_s M_{t1} + C_0 L_0 M_{s0} \Delta M_{t0} \quad (4\text{-}21)$$

Δc 指一国在 1 与 0 两个时间点之间隐含的出口碳排放差额，C 指碳排放系数、L 为列昂惕夫逆矩阵、M_s 为出口结构系数、M_t 为出口增加值总量。式(4-21)是以时间 1 极作为分解，为了解决结构分解的非唯一问题，我们用时间 0 极再次进行分解为：

$$\Delta c = C_1 L_1 M_{s1} M_{t1} - C_0 L_0 M_{s0} M_{t0}$$
$$= \Delta C L_0 M_{s0} M_{t0} + C_1 \Delta L M_{s0} M_{to} + C_1 L_1 \Delta M_s M_{t0} + C_1 L_1 M_{s1} \Delta M_{t0} \quad (4\text{-}22)$$

根据 Munksagaard 等(2000)和 Kukla (2009)的两极分解平均法，我们将 1 与 0 两个极的结构分解加权平均权重写成：

$$\Delta c = 1/2 \left[\Delta C L_1 E_{s1} E_{t1} + \Delta C L_0 E_{s0} E_{t0} \right](1) + 1/2 \left[C_0 \Delta L E_{s1} E_{t1} + C_1 \Delta L_0 E_{s0} E_{t0} \right](2) +$$
$$1/2 \left[C_0 L_0 \Delta M_s M_{t1} + C_1 L_1 \Delta M_s M_{t0} \right](3) + 1/2 \left[C_0 L_0 M_{s0} \Delta M_{t0} + C_1 L_1 M_{s1} \Delta M_{t0} \right]$$
$$(4\text{-}23)$$

式4-23中的四个部分(1)、(2)、(3)和(4)分别用 a'、b'、c'、d' 表示，即影响一国两个时段出口碳排放的关键因素。a' 为出口国产业碳排放强度，代表该国产业碳排放技术的变化，是衡量一国节能减排绩效的重要指标。b' 为出口国与他国产业关联度，国内中间产品的投入产出系数，代表消费国进口中间产品使出口国陷入全球分工体系的程度。b' 值越大表明中间产品高碳排放的趋势越明显。c' 代表消费国进口产品结构的调整。d' 为进口国产品需求总量的变化。其中，a' 部分排放能够解释生产者责任，c'、d' 部分排放能够解释消费者责任，b' 部分排放能够同时解释生产者和消费者责任。表4-12对1995—2009年和2001—2009年两个时段具代表性的发达国家和发展中国家的碳排放差额进行深层次结构分解。无论是发达国家还是发展中国家，几乎每个国家碳排放强度系数都为负，说明各国在环境保护中均采取了积极的措施，污染治理得到了明显的效果。中国出口外需碳排放2009年比2001年增长了18.7亿吨，成为全球增长最大的国家。其中，由碳排放下降减少 a' 出口排放92.7亿吨，消费国进口结构的调整减少 c' 排放 0.34 亿吨。但是，消费国进口需求总量的增加带来 d' 碳排放增长 70 亿吨，是影响中国出口碳排放的最大因素。中国 b' 部分排放带来出口碳排放增长 41.8 亿吨，是促使中国出口碳排放的第二大因素，b' 部分规模庞大的正向排放表明中国高度嵌入全球分工体系，成为制造业的世界工厂以及全球制造业中间品的供应基地，表明消费国对中国中间品列昂惕夫逆矩阵系数高度依赖，与中国产业关联高度相关。

表 4-12　1995—2009 年、2001—2009 年两个时段各国出口碳排放量的 SDA 分解

(单位：亿吨)

国家		1995—2009 年				2001—2009 年				
		Δc	a'	b'	c'	d'	Δc	a'	b'	c'	d'
发展中国家	中国	18.71	−92.66	41.72	−0.34	70.00	18.78	−38.50	18.73	3.92	34.62
	巴西	0.35	−0.43	0.03	0.06	0.69	0.11	−0.96	0.05	0.12	0.90
	印度	2.10	−1.50	−0.92	−1.52	6.04	1.55	−1.57	−0.12	−1.39	4.64
	墨西哥	0.23	−1.37	−0.08	0.07	1.62	0.08	−0.41	0.01	0.10	0.38
	俄罗斯	1.37	−11.33	1.45	−0.16	11.42	−1.60	−16.87	−0.80	1.20	14.88
	印尼度尼西亚	0.17	−0.73	−0.15	−0.12	1.17	−0.18	−1.22	−0.04	−0.13	1.21
发达国家	韩国	5.54	0.46	1.36	0.39	3.34	4.15	−4.09	3.17	0.65	4.42
	澳大利亚	0.60	−1.29	0.07	0.36	1.45	0.29	−2.00	0.25	0.30	1.74
	加拿大	−0.24	−2.44	0.06	0.50	1.64	−0.77	−1.77	0.04	0.37	0.59
	德国	0.73	−2.65	−0.25	0.54	3.08	−0.71	−4.31	−0.94	0.53	3.99
	法国	−0.09	−1.15	0.21	0.05	0.80	−0.34	−1.41	0.06	0.13	0.88
	英国	0.35	−0.86	−0.07	−0.01	1.30	0.07	−0.87	−0.27	0.24	0.96
	日本	1.06	−0.18	0.30	0.14	0.79	0.55	−1.67	0.64	0.16	1.42
	美国	−0.35	−4.58	−1.96	0.35	5.83	0.42	−2.22	−1.01	0.44	3.22
	土耳其	0.36	−0.65	−0.08	0.01	1.09	0.04	−0.98	−0.06	−0.08	1.17

注：Δc 出口外需碳排放差额；a' 出口国产业碳排放强度；b' 出口国与他国产业关联度；c' 进口国产品消费结构变化；d' 进口国产品需求总量变化。

美国2009年比2001年出口碳排放则出现负值−0.31亿吨，其中4.6亿吨是由于节能减排技术带来的出口排放下降，另外1.96亿吨的下降是因为美国进口他国中间品转移的境外污染消费，尽管美国由于他国的进口带来了5.8亿吨正向排放，但总体趋势是出口碳排放逐渐减少。同时，英国、德国出口碳排放的SDA分解表现出了同样的走向。美、日、德尽管具有和中国同样大的出口外需，并未带来相同的出口排放结果。究其原因，笔者认为有二：第一，中国产业碳排放系数尽管近几年下降趋势明显，但仍然远远高过发达国家，例如，1995年中国、美国的产业碳排放强度分别是14.4吨/万美元和3.2吨/万美元，2009年两国产业碳排放强度分别为4.1吨/万美元和1.7吨/万美元，碳排放基数过大是中国必须要面对和克服的问题；第二，中国过分嵌入全球分工体系，成为世界制造工厂，大量出口中间品贸易，导致他国严重依赖中国中间品投入产出系数，而中国中间品又属于高碳排放，双重效应下促使了中国出口碳排放迅猛增长。美国、德国、日本的产业发展经历了两三百年的进口替代，国内环境规制意识很强，中国的经济发展只有几十年，进口替代还没有完成就开始了出口导向，这种主动的跳跃式的增长必然是以高投入高碳排放为代价。加之全球产业结构的调衡，中国很大程度上被动地高度参与全球分工体系。

我们注意到，发达国家的节能减排效应在减弱，发展中国家的碳排放强度下降趋势更明显。美国、德国、日本年均下降幅度仅为4.5%、3.2%和0.2%，远远低于中国、俄罗斯的8.6%和8.7%。因此，中国结构分解的a'部分负值也是所有国家中最大，减少92.7亿吨出口碳排放。和中国相反，美国、德国、澳大利亚等发达国家a'部分排放下降不能弥补出口总量d'部分的增加，这是发达国家产业节能减排技术趋缓造成。发达国家b'部分排放均都为负数，表明发达国家更多地从他国进口中间品，意味着他们在全球分工体系中对中间品的生产实现了境外排放。

c'表明了出口国由于消费国进口结构的改变引起的出口碳排放。1995—2009年间发达国家由于对象国进口结构的变化而增加了碳排放值，即c'为正。例如，美国和日本碳排放强度大的核燃料、精炼石油等行业出口份额增长速度很快，分别从1995年的1%和0.5%提高到3%和2%，化工产业也从6.9%、6.3%上升到8.4%、7.3%，日本橡胶行业的出口份额也分别从1.7%上升到3.4%。污染产业出口份额的增加导致美国、日本的出口碳排放量（c'部分）为0.35亿吨和0.14亿吨。但这一部分排放在整个SDA分解中只占很小比例，不会对SDA分解的最终结果产生实质性的影响。

接下来，我们以美国、日本，金砖四国中国、印度、俄罗斯和巴西1995—2009年数据为研究对象，对各国后一年对前一年的出口隐含碳排放差额的进行SDA分解，绘制成图4-5（篇幅有限不一一列出）。与金砖四国不同的是，美国、日本每一年碳排放差额Δc正负交替，尤其是美国，变化幅度更大，近一半的年份Δc出现负值，日本总体而言变化比较平缓。日、美两国SDA分解的a'部分变化幅度小于金砖四国，尤其是日本有些年份出现正值，说明发达国家产业碳排放强度降低幅度小于发展中国家，对节能减排推动的作用在减缓。

同为发展中国家，金砖四国出口碳排放的分解因素出现了完全不同的结果。中国和印度碳排放结构分解的走势最相似。两国Δc稳步上升，进口国需求总量排放d'都为正值并大幅度上升。相似的经济和文化背景，同为出口导向型的经济体，出口总量（进口需求）成为带动国家出口碳排放增长的主要因素。俄罗斯的各个分解部分均不稳定，其产业碳排放强度下降幅度很大，仅次于中国，消费国进口需求引起的碳排放d'随时间上升或下降的幅度都很大。由图4-7可知，中国因为消费国进口结构调整、进口需求总量增加引起出口碳排放增长的c'、d'部分远远大于其他金砖国家。金砖四国出口需求总量的差异是造成出口碳排放迥异最根本的原因。从融入他国产业链程度的列昂惕夫逆矩阵来说，中国为其他国家制造业提供中间品，尤其是正在2005、2006年，最大限度地嵌入全球产业链分工增加了b'部分出口碳排放量。而印度、巴西b'部分更多时候为负值，意味着这两国从其他国家进口中间品实现境外排放。同为发展中国家，中国因为世界产业结构的调整和转移，在促进本国出口实现外汇增长与经济增长的同时也被动承担了更多的污染责任和减排义务。基于消费者负责的原则，中国比其他金砖国家承担了更多不合理的排放约束和减排要求。

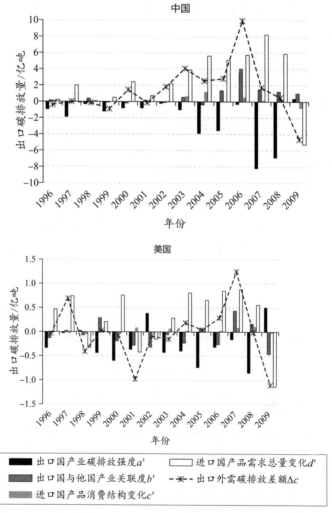

图4-7　1995—2009年中美两国出口碳排放结构分解因素对比

表4-13　中国出口碳排放的 SDA 结构分解

（单位：亿吨）

年份	出口国产业碳排放强度 a'	出口国与他国产业关联度 b'	进口国产品消费结构变化 c'	进口国产品需求总量变化 d'	出口外需碳排放差额 Δc
1996	−0.97	0.16	0.19	0.22	−0.39
1997	−1.90	−0.13	0.03	2.01	0.01
1998	−0.33	0.38	−0.19	0.01	−0.14
1999	−1.23	−0.10	−0.06	0.51	−0.88
2000	−0.82	−0.18	0.02	2.43	1.45
2001	−0.81	0.16	−0.17	0.72	−0.11
2002	−0.25	−0.11	−0.03	2.21	1.82
2003	−1.02	0.54	0.67	3.88	4.07
2004	−3.93	−0.37	1.24	5.60	2.55
2005	−3.58	1.36	−0.06	5.09	2.82
2006	−0.33	4.03	0.54	5.72	9.95
2007	−8.20	1.50	0.16	8.25	1.71
2008	−6.89	1.23	0.26	5.88	0.49
2009	0.40	1.02	−0.80	−5.25	−4.63

表4-14　美国出口碳排放的 SDA 结构分解

（单位：亿吨）

年份	出口国产业碳排放强度 a'	出口国与他国产业关联度 b'	进口国产品消费结构变化 c'	进口国产品需求总量变化 d'	出口外需碳排放差额 Δc
1996	−0.34	−0.13	−0.03	0.47	−0.04
1997	−0.03	0.01	−0.03	0.74	0.69
1998	0.03	−0.07	−0.05	−0.33	−0.41
1999	−0.44	0.29	−0.02	0.21	0.03
2000	−0.60	−0.19	−0.04	0.76	−0.07
2001	−0.37	−0.28	0.09	−0.42	−0.98
2002	0.39	−0.32	−0.01	−0.15	−0.09

表4-14(续)

年份	出口国产业碳排放强度 a'	出口国与他国产业关联度 b'	进口国产品消费结构变化 c'	进口国产品需求总量变化 d'	出口外需碳排放差额 Δc
2003	−0.43	−0.06	0.07	0.29	−0.15
2004	−0.40	−0.23	0.01	0.81	0.19
2005	−0.74	0.07	0.05	0.66	0.04
2006	−0.32	−0.26	0.01	0.85	0.29
2007	−0.16	0.44	0.09	0.88	1.25
2008	−0.85	0.17	0.11	0.56	−0.01
2009	0.51	−0.46	−0.01	−1.13	−1.10

表4-15 日本出口碳排放的 SDA 结构分解

(单位：亿吨)

年份	出口国产业碳排放强度 a'	出口国与他国产业关联度 b'	进口国产品消费结构变化 c'	进口国产品需求总量变化 d'	出口外需碳排放差额 Δc
1996	0.29	−0.09	0.01	−0.14	0.08
1997	0.32	0.04	0.00	0.05	0.40
1998	0.26	0.06	−0.04	−0.26	0.01
1999	−0.22	−0.05	−0.02	0.19	−0.10
2000	−0.22	−0.02	−0.02	0.40	0.14
2001	0.36	0.00	0.09	−0.46	−0.01
2002	0.22	−0.05	0.00	0.09	0.26
2003	−0.23	0.07	0.00	0.45	0.28
2004	−0.49	0.03	0.01	0.71	0.26
2005	−0.26	0.13	0.01	0.25	0.13
2006	0.03	0.10	0.03	0.29	0.46
2007	−0.13	0.03	0.09	0.42	0.41
2008	−0.90	0.30	0.07	0.54	0.02
2009	−0.05	0.03	0.01	−1.22	−1.23

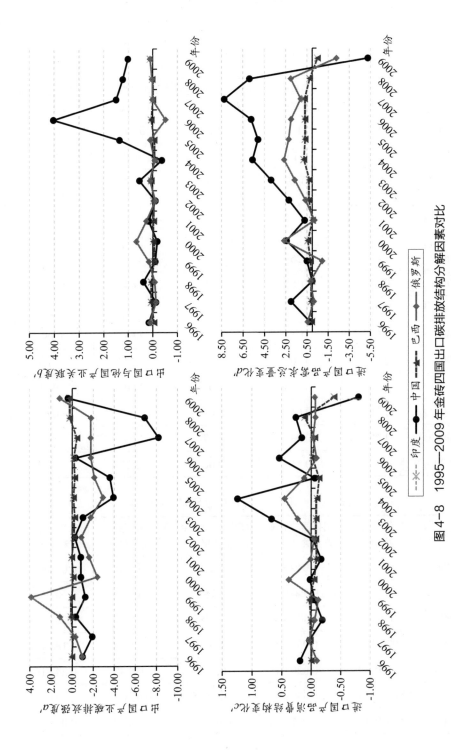

图 4-8 1995—2009 年金砖四国出口碳排放结构分解因素对比

表 4-16 俄罗斯出口碳排放的 SDA 结构分解

(单位：亿吨)

年份	出口国产业碳排放强度 a'	出口国与他国产业关联度 b'	进口国产品消费结构变化 c'	进口国产品需求总量变化 d'	出口外需碳排放差额 Δc
1996	−0.95	0.12	−0.10	0.44	−0.49
1997	−0.29	−0.13	0.04	−0.13	−0.51
1998	1.17	−0.08	−0.06	0.17	1.19
1999	3.87	0.16	−0.12	−0.93	2.99
2000	−2.39	0.67	0.38	2.65	1.32
2001	−1.60	0.26	0.01	−0.20	−1.53
2002	−0.87	−0.11	−0.05	0.64	−0.39
2003	−1.76	0.11	0.23	1.65	0.22
2004	−2.93	−0.08	0.45	2.65	0.09
2005	−2.09	0.10	0.12	2.22	0.35
2006	−1.76	−0.52	−0.09	2.00	−0.36
2007	−1.75	0.01	−0.03	1.09	−0.67
2008	−1.78	0.03	−0.07	2.03	0.21
2009	1.19	0.11	−0.06	−2.27	−1.04

表 4-17 印度出口碳排放的 SDA 结构分解

年份	出口国产业碳排放强度 a'	出口国与他国产业关联度 b'	进口国产品消费结构变化 c'	进口国产品需求总量变化 d'	出口外需碳排放差额 Δc
1996	0.035 957	−0.049 85	−0.002 57	0.069 129	0.052 671
1997	−0.074 69	0.060 6	0.013 96	0.105 28	0.105 153
1998	0.110 15	0.060 741	0.002 755	0.063 388	0.237 034
1999	0.029 472	−0.055 08	0.030 682	0.175 69	0.180 768
2000	−0.095 39	−0.020 04	−0.050 87	0.415 49	0.249 193
2001	0.035 779	−0.039 38	−0.090 25	−0.025 14	−0.118 99
2002	−0.175 12	−0.031 95	−0.080 36	0.316 62	0.029 187

表 4-17(续)

年份	出口国产业碳排放强度 a'	出口国与他国产业关联度 b'	进口国产品消费结构变化 c'	进口国产品需求总量变化 d'	出口外需碳排放差额 Δc
2003	−0.251 04	0.056 167	−0.086 02	0.260 71	−0.020 19
2004	−0.127 75	−0.072 26	−0.100 94	0.783 93	0.482 976
2005	−0.249 01	−0.057 27	−0.134 89	0.663 81	0.222 645
2006	−0.152 54	0.058 616	−0.022 86	0.677 67	0.560 887
2007	−0.449 69	−0.007 95	−0.062 65	0.721 86	0.201 57
2008	0.232 98	0.018 257	0.111 32	0.237 73	0.600 287
2009	0.254 28	0.108 11	−0.388 55	−0.498 86	−0.525 02

表 4-18　巴西出口碳排放的 SDA 结构分解

(单位: 亿吨)

年份	出口国产业碳排放强度 a'	出口国与他国产业关联度 b'	进口国产品消费结构变化 c'	进口国产品需求总量变化 d'	出口外需碳排放差额 Δc
1996	0.035 957	−0.049 85	−0.002 57	0.069 129	0.052 671
1997	−0.074 69	0.060 6	0.013 96	0.105 28	0.105 153
1998	0.110 15	0.060 741	0.002 755	0.063 388	0.237 034
1999	0.029 472	−0.055 08	0.030 682	0.175 69	0.180 768
2000	−0.095 39	−0.020 04	−0.050 87	0.415 49	0.249 193
2001	0.035 779	−0.039 38	−0.090 25	−0.025 14	−0.118 99
2002	−0.175 12	−0.031 95	−0.080 36	0.316 62	0.029 187
2003	−0.251 04	0.056 167	−0.086 02	0.260 71	−0.020 19
2004	−0.127 75	−0.072 26	−0.100 94	0.783 93	0.482 976
2005	−0.249 01	−0.057 27	−0.134 89	0.663 81	0.222 645
2006	−0.152 54	0.058 616	−0.022 86	0.677 67	0.560 887
2007	−0.449 69	−0.007 95	−0.062 65	0.721 86	0.201 57
2008	0.232 98	0.018 257	0.111 32	0.237 73	0.600 287
2009	0.254 28	0.108 11	−0.388 55	−0.498 86	−0.525 02

接下来，我们将2009年中国对38个国家的虚拟进口排放与实际进口排放之间差额 Δc 做进一步的结构分解。在实际进口碳排放和虚拟进口碳排放两种测算方法下，对特定进口国家而言，进口产业结构和进口总量是相同的，因此差额 Δc 结构分解后的 c'、d' 两部分值均为0，在表4-19中省略。单区域投入产出法下进口碳排放依然采用中国的投入产出技术系数 A_d 及中国的行业碳排放系数 $f_{d(n\times n)}$，多区域投入产出法下进口碳排放采用进口国自身的投入产出技术系数 $A_m (m = 1, 2, \cdots, 40)$ 及行业碳排放系数 $f_{m(n\cdot n)}, (m = 1, 2, \cdots, 40)$ 因此表4-20的结构分解由 a' 值和 b' 值两部分构成。中国与发达国家虚拟进口排放与实际进口排放的差额几乎都为正值，Δc 值幅度最大的中国与日本、德国和美国。日本具有更低的碳排放系数解释了中国对日进口实际排放和虚拟排放差额 Δc 值的76%（a' 值），中国更大程度地嵌入全球分工体系解释了 Δc 值的24%（b' 值）。德国碳排放技术的先进解释了中国对德排放差额 Δc 值的74%（a' 值），列昂惕夫逆矩阵仅解释16%（b' 值）。而美国的污染治理技术只解释了中国对美进口实际排放和虚拟排放差额的25%，列昂惕夫逆矩阵却解释75%的排放差额，与日本、德国的结构分解构成有很大的差别。

表4-19　2009年中国与其他国家虚拟进口碳排放与实际进口碳排放差额 Δc 的结构分解

（单位：亿吨）

	Δc	a'	b'		Δc	a'	b'
经济联盟							
欧盟	3.65	2.68	0.97	发展中国家	0.46	−0.19	1.41
G7 国家	6.71	4.26	2.47	东亚（除日本）	0.86	−0.28	1.15
具体国家							
美国	1.5	0.37	1.13	奥地利	0.13	0.1	0.03
日本	2.54	1.95	0.59	捷克	0.03	0.02	0.02
澳大利亚	0.56	0.29	0.27	希腊	0.003	0.001	0.002

表4-19(续)

	Δc	a'	b'		Δc	a'	b'
巴西	0.29	0.24	0.04	匈牙利	0.04	0.02	0.01
加拿大	0.24	0.12	0.13	爱尔兰	0.09	0.07	0.02
印度尼西亚	0.14	−0.05	0.19	意大利	0.28	0.23	0.06
印度	−0.04	−0.2	0.17	立陶宛	0.001	0.000 5	0.000 2
韩国	0.76	−0.03	0.79	拉脱维亚	0.001	0.001	0.000 2
墨西哥	0.08	0.02	0.06	马耳他	0.01	0	0.01
俄罗斯	−0.01	−0.17	0.16	荷兰	0.22	0.16	0.06
土耳其	0.03	0.02	0.01	斯洛伐克	0.01	0.01	0.01
德国	1.58	1.17	0.41	瑞典	0.19	0.15	0.04
法国	0.36	0.31	0.05	保加利亚	0.003	0.001	0.002
英国	0.21	0.11	0.1	塞浦路斯	0.000 4	0.000 4	0.000 1
丹麦	0.07	0.04	0.02	罗马尼亚	0.01	0.005	0.003
西班牙	0.07	0.06	0.01	波兰	0.05	0.02	0.03
爱沙尼亚	0.002	−0.001	0.003	葡萄牙	0.01	0	0.01
比利时	0.14	0.11	0.03	芬兰	0.14	0.1	0.05

这是因为，美国的污染治理的程度与日本和德国相比有一定差距，行业碳排放系数高于日、德两国。即使是发达国家，污染治理程度也表现出不同的情况，北美地区的碳排放系数要高于欧洲地区，以2009年为例，欧盟整体碳排放系数为1.0吨/万美元，其中法国为0.5吨/万美元，德国为1.1吨，处于东亚的日本也仅为1.0吨，而美国和加拿大分别达到1.7吨和1.8吨(见图4-6)。另外，中国对美国以货物贸易顺差为主，而中国对德国、日本则是贸易逆差，如2009年中国对德国、日本的中间品贸易均出现440.33亿美元和649.61亿美元的逆差，而对美国出现160.51亿美元中间品贸易的顺差，中国相对美国嵌入全球分工体系的环节更深。

第六节 单区域与多区域投入产出法下
中国贸易碳排放的环境效应评估的比较分析

我们以价格平减后的2009年世界投入产出表为计算基础，利用MATLAB 7.1软件测算中国对38个国家出口国内排放，是别国污染需求而实现的中国本土污染排放。再以单区域与多区域投入产出法分别计算2009年中国对38个国家进口境外排放。中国对他国污染需求而实现的污染境外排放，实际是本国的进口省碳量。单区域投入产出法利用中国的投入产出系数和碳排放系数替代进口国做进口碳排放的虚拟测算（表4-21中进口境外排放B），多区域投入产出法利用38个进口国的投入产出系数和碳排放系数对每一个进口国做进口碳排放的实际测算（表4-21中进口境外排放A）。2009年，中国出口外需碳排放全球总量为21.7亿吨，其中流向美国6.4亿吨，占全球出口排放的29%，流入欧盟和日本分别列居第二和第三，占中国外需碳排放的28%和11%，美国、欧盟、日本分享了中国全球出口碳排放的68%（出口国内排放），却只承担了中国境外碳排放的24%（进口境外排放A）。从生产者负责的角度，中国应该为流向美、欧、日的15亿吨出口碳排放负责，但从消费者负责的角度，是由于美、欧、日消费者15亿吨的污染消费间接导致了中国的排放，其与中国的贸易对中国造成碳泄漏净值为13.4亿吨。

本研究根据单区域投入产出法测算出来的中国虚拟进口碳排放量（进口境外排放B）16.99亿吨是实际进口碳排放量（进口境外排放A）6.66亿吨的2.6倍，虚夸的进口省碳量高达10.3亿吨（见表4-20）。就具体国家而言，美国、欧盟、德国和日本虚拟进口排放测算依次为2.03亿、4.12亿、1.76亿、3.15亿吨，分别虚夸了进口省能量1.5亿、2.5亿和3.7亿吨。相比之下，中国对俄罗斯和印度的虚拟进口碳排放测算结果(进口境外排放 B)和实际进口碳排放测算结果(进口境外排放 A)差异不大,说明中国与印度、俄罗斯在碳排放强度和中间品投入产出系数方面有某种相似度或趋同趋势。单区域投入产出法下测算的进口境外碳排放 B 夸大了中国在境外实现的碳消费,削减了他国在中国实现的碳泄漏净值,加重了中国在全球出口碳排放分配中承担的责任和节能减排的义务。多区域投入产出法的测算真实测算了中国承担的碳泄漏净值,有利于中国在消费者负责的原则下更合理公平地承担全球碳排放约束及减排义务。

表4-20　单区域与多区域投入产出法下2009年中国进口境外碳排放测算对比

(单位:亿吨)

	出口国内排放		进口境外排放 A		碳泄漏净值	进口境外排放 B	虚夸进口省碳量
总和	21.67		6.66		15.01	16.99	10.33
美国	6.38	−0.29	0.52	−0.08	5.86	2.03	1.51
日本	2.43	−0.11	0.61	−0.09	1.82	3.15	2.54
欧盟	6.17	−0.28	0.45	−0.07	5.72	4.1	3.65
澳大利亚	0.75	−0.03	0.4	−0.06	0.35	0.96	0.56
巴西	0.43	−0.02	0.09	−0.01	0.34	0.38	0.29
加拿大	0.78	−0.04	0.1	−0.02	0.68	0.34	0.24
印尼	0.4	−0.02	0.09	−0.01	0.31	0.23	0.14
印度	0.76	−0.04	0.23	−0.03	0.53	0.19	−0.04
韩国	1.48	−0.07	1.96	−0.29	−0.48	2.71	0.75
墨西哥	0.75	−0.03	0.02	−0.003	0.73	0.1	0.08
俄罗斯	0.45	−0.02	0.38	−0.06	0.07	0.37	−0.01
土耳其	0.26	−0.01	0.01	−0.002	0.25	0.04	0.03
比利时	0.19	−0.01	0.02	−0.003	0.17	0.17	0.15
德国	1.74	−0.08	0.18	−0.03	1.56	1.76	1.58
法国	0.76	−0.04	0.04	−0.01	0.72	0.4	0.36

表4-20(续)

	出口国内排放		进口境外排放 A		碳泄漏净值	进口境外排放 B	虚夸进口省碳量
英国	0.76	−0.04	0.03	−0.005	0.73	0.24	0.21
丹麦	0.09	−0.004	0.01	−0.002	0.08	0.07	0.06
西班牙	0.35	−0.02	0.01	−0.002	0.34	0.08	0.07
爱沙尼亚	0.01	(0.000 5)	0.000 3	(0.000 05)	0.009 7	0.002	0.001 7
芬兰	0.11	−0.005	0.02	−0.003	0.09	0.16	0.14
奥地利	0.15	−0.01	0.01	−0.002	0.14	0.14	0.13
捷克	0.25	−0.01	0.005	−0.001	0.245	0.04	0.035
希腊	0.06	−0.003	0.004	−0.001	0.056	0.01	0.006
匈牙利	0.13	−0.01	0.002	(0.000 3)	0.128	0.04	0.038
爱尔兰	0.12	−0.01	0.01	−0.002	0.11	0.09	0.08
意大利	0.49	−0.02	0.03	−0.005	0.46	0.32	0.29
立陶宛	0.01	(0.000 5)	0.000 1	(0.000 02)	0.009 9	0.001	0.000 9
拉脱维亚	0.004	(0.000 2)	0	0	0.004	0.001	0.001
马耳他	0.003	(0.000 1)	0.001	−0.002	0.002	0.01	0.009
荷兰	0.39	−0.06	0.03	−0.005	0.36	0.25	0.22
斯洛伐克	0.06	−0.003	0.002	(0.000 3)	0.058	0.02	0.018
斯洛文尼亚	0.02	−0.001	0.000 3	(0.000 05)	0.019 7	0.004	0.003 7
瑞典	0.1	−0.005	0.02	−0.003	0.08	0.2	0.18
保加利亚	0.03	−0.001	0.001	(0.000 2)	0.029	0.004	0.003
塞浦路斯	0.01	(0.000 5)	0.000 1	(0.000 0)	0.009 9	0.001	0.000 9
罗马尼亚	0.04	−0.002	0.001	(0.000 2)	0.039	0.01	0.009
波兰	0.27	−0.012	0.01	−0.002	0.26	0.06	0.05
葡萄牙	0.03	−0.001	0.002	(0.000 3)	0.028	0.01	0.008

进口境外排放 A 代表实际进口排放（多区域）；进口境外排放 B 代表虚拟进口排放（单区域）；碳泄漏净值＝出口国内排放－进口境外排放 A；虚夸进口省碳量＝进口境外排放 A－进口境外排放 B。

第七节　结　　论

本章利用多区域世界投入产出表，按照各国投入产出系数以及各国产业碳排放强度对世界各个国家1995—2009年、2001—2009年的出口隐含碳排放差额进行结构分解，并分别以单区域投入产出表和多区域投入产出表分别测算了中国对38个国家和经济组织出口外需排放和进口境外排放。多区域世界投入产出表利用每一个的投入产出系数和碳排放强度系数，摒弃了"本国技术设定"假设，能够真实测算中国碳排放的境外消费以及他国对中国转移的碳泄漏净值，避免对中国进口省碳量的虚夸。研究发现，各个国家碳排放强度均在稳步下降，其中发达国家下降缓慢，发展中国家下降迅速，导致所有国家结构分解（SDA）的 a' 部分排放都下降，发展中国家碳排放 a' 部分降幅更大，说明发达国家节能减排效应趋缓。为了规避本国的环境规制，发达国家通过进口发展中国家的污染品，在结构分解里体现为：第一，进口他国中间品，实现中间品污染的境外排放，体现在 b' 部分排放下降并为负值，中间品的生产依赖他国投入产出系数；第二，提高最终品进口需求量，尤其是污染品的进口总需求，将本国的污染需求转移他国，实现"他国排放，本国消费"的目的。中国碳排放强度下降很大，带来的出口碳排放下降幅度是所有国家中最大的，但消费国对中国进口需求总量和列昂惕夫逆矩阵的正向排放弥补了产业碳排放强度下降带来更大幅度的正向排放，表现在结构分解的 b' 部分和 d' 部分排放大幅度走高。发达国家将中间品、最终品的生产转移到中国进口，对中国中间品的前向关联加深，中国过度嵌入全球的产业分工体系，更大程度上被动卷入全球污染责任分配。加之中国经济的二元特征，高投入高产出激进增长的经济模式，共同促使了中国出口碳排放跳跃式排放。中国这种排放模式不仅是由自身较低的环境规制、节能减排技术造成，更是一种受到全球产业转移，经济一体化驱动的被动行为。如果仅从生产者责任追责，会导致发达国家无约束地规避消费污染品的责任，全球节能减排效应削减。因此，我们主张应该从消费者原则出发，由生产国和消费国共同承担生产国碳排放的责任与约束。

积极开展污染治理，降低产业碳排放强度，改变本国投入产出系数，降低中间品、最终品的高碳排放是解决中国环境与贸易冲突最根本的途径。另外，积极主动改变出口结构、调整进出口的国别方向，在消费者负责原则下坚持本国的利益，以期避免"发达国家消费污染，发展中国家承担责任"的恶性循环，呼吁和倡导在经济发展、污染分配均跨越国界的国际环境下，消费者和生产者共同承担污染责任的分配与约束，这样才能有效保证中国合理的国际贸易出口环境和最根本的出口利益。

第五章　中国出口贸易污染排放测算与环境效应评估——基于加工贸易的背景

我们已经测算了多区域的世界投入产出表下，中国出口碳排放与进口碳排放的数据指标，并进行了双方博弈的环境效应分析。我们注意到，中国的巨额加工贸易占据了很大的出口比例，其进口品国外碳排放的特点高估了国内生产的中间使用及最终使用，直接夸大了中国出口贸易隐含的碳排放量和中国外贸对国际环境的负面影响。为了有效改善这种负面效应，应在加工贸易的约束下科学、定量地计算中国对外贸易进出口中所隐含的完全碳排放及各贸易部门的污染贸易条件，真实有效地评估中国对外贸易的环境效应，制定相关政策，有效控制贸易碳排放。这是一个极具挑战的研究，也是本章的主要内容。

第一节　中国加工贸易的特点与数据描述

改革开放，特别是中国成功加入 WTO 以来，伴随着中国经济融入全球经济的进程加快，对外贸易也飞速发展。据统计，1978年，中国货物贸易进出口总额仅有206亿美元，到2014年已经跃至43 003.6亿美元，年均增长15.9%。

其中，进口贸易额为 19 580 亿美元，出口贸易额为 23 423.4 亿美元。2014 年，出口贸易额继 2013 年的 22 090 亿美元、2012 年的 20 487 亿美元增长了 7.3%，中国超越德国成为全球第一大出口贸易国和第二大进出口贸易国，同时也成了全球 CO_2 排放量最大的国，承担全球碳排放的相关责任和义务。1995 年，中国出口占全球出口总量的 3.3%，出口隐含的碳排放为 10.1 亿吨，占全球出口排放的 21.6%，2007 年达到最高峰，为 41.4 亿吨。2009 年，中国出口隐含碳排放下降到 28.8 亿吨，占国内排放总量的 8%，占全球排放总量的 35%，但出口额的全球比重仅为 12%。中国的出口碳排放与出口比例的不协调，从自身来讲是因为中国的高碳排放历史以及高投入、低产出的粗放型增长特点；从外部环境来讲，中国是世界的制造工厂，发达国家通过从中国进口污染品的渠道将对本国的污染需求转移到中国。因此，核算中国在国际贸易中应该承担的污染排放责任就有两个角度，即"生产者责任"和"消费者责任"。以"生产者责任"或"地理边界"为原则来核算各国的碳排放清单，一国生产导致的排放责任将完全由该国承担，不管产品是内销还是出口。但从"消费者责任"的角度，排放的核算体系应该同时考虑这种国内的污染生产的需求来源，因此，污染进口国应该承担污染出口国的部分排放（Wiedmann，2009；彭水军 等，2015）。生产者负责制得到了部分学者的支持，他们认为发展中国家因为低廉的劳动力成本，从加工贸易、全球生产制造加工基地中获得了巨大的出口利益和外汇收入，保持了较高的经济增长速度，有义务承担出口经济增长带来的全球污染排放的责任。但越来越多的学者支持消费者负责原则，认为发展中国家承担了过多的碳排放责任，发达国家通过从发展中国家进口污染品实现了本国污染的境外生产，导致全球节能减排政策减弱（Lenzen et al.，2010；齐晔 等，2008；陈迎 等，2008）。

必须注意的是，中国目前的出口以"大进大出"的加工贸易为主，占据了中国贸易的半壁江山。跨国公司通过在华直接投资、跨国公司内部的中间品零部件贸易的形式，以加工贸易为载体大量向母国进行出口；民族出口加工企业立足自身比较优势，通过"来料加工""进料加工"直接从国外进口，利用外商提供或用外汇购买进口的原材料、辅料、零部件、元器件、配套件和包装物料，负责进行加工装配。加工贸易在我国境内进行简单的加工、装配和运输后被重新出口，主要能耗不在我国，最终消费也不在我国(张少华 等，2014)。2001年，中国对世界出口额为2 666亿美元，加工贸易出口为1 545亿美元，占比为58%。2009年，中国对外出口总额达到12 009亿美元，加工出口为6 717亿美元，出口占比为56%，加工进口为4 714亿美元，加工贸易顺差2 002.5亿美元。与中国出现加工贸易逆差的国家主要有日本、俄罗斯、韩国等。2004年、2005年加工出口贸易占比最高，接近59%，其余年份在55%上下浮动。对发展中国家以一般出口为主，加工出口比重较低，与发达国家及新兴经济体包括日本、美国和欧盟加工贸易的出口占比均超过50%。2009年加工出口占比最低的是印度，仅为36%，最高的为新加坡，达到71%，与日本、美国和欧盟的加工出口贸易占比分别为58%、64%与53%（见图5-1）。

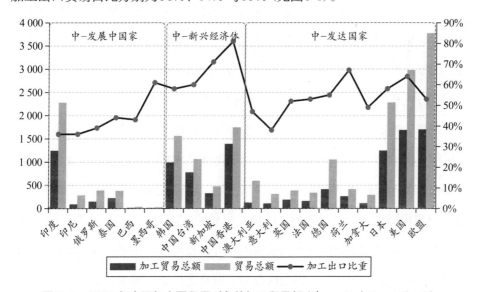

图5-1　2009年中国与主要贸易对象的加工贸易额（单位：亿美元；比重：%）

张少华(2014)对加工贸易的环境全要素生产率效应展开深入分析,证明加工贸易和环境全要素生产率之间存在着显著的倒 U 形关系。陈芳(2015)指出了加工贸易对我国省域层面能源消耗强度的影响,证明加工贸易有利于降低我国能源消耗强度,其中对发达地区能耗降低幅度最大。这些都是间接研究加工贸易对能耗的影响,并未直接对加工贸易中隐含的能源消耗进行测算。国内学术界对加工贸易隐含碳排放直接进行测算的成果非常少。有学者指出,在中国加工贸易出口和进口并存"大进大出"背景下,脱离加工贸易的大环境去考虑出口生产企业的生产效率以及计算出口碳排放含量都是不科学的。学术界注意到了加工贸易的"大出",却忽略了加工贸易的"大进"。在传统的测算方法下,学者们要么忽略加工贸易进口的这个事实,没有将中间品节省的碳排放从生产侧出口排放中剔除(刘强 等,2008;沈利生,2007),要么将中间品进口的国外排放按照本国的投入产出和碳排放技术系数进行测算,如张传国等(2013)、邓荣荣(2014)的测算,没有分离一国对世界各国具体产业的中间进口和最终进口,导致计算出来的结果与真实结果相差很远,从而夸大了中国出口贸易实际的碳排放量。例如,苹果手机的国内生产中间品部分和新加坡、韩国以及美国进口的零部件一样都在中国进行装配,最终产品都出口到海外市场。苹果手机的国内投入和进口零部件的国外投入的投入产出结构不一样,产业碳排放系数也不一样。刘宇(2015)利用进口非竞争型投入产出表来测算加工贸易中隐含的碳排放,假设国内技术排放系数与国外碳排放技术相同。这种测算是将中国全部进口作为一个整体,不能区分进口来源地,也无法区分部门的进口额。以此为基础测算以进口中间品为投入的加工贸易的碳排放,忽略了来自不同国家、不同部门中间进口品的投入产出系数的差异以及部门碳排放系数的差异。本研究是在世界投入产出表下,完全区分加工贸易进口的不同来源地,利用各个进口国的投入产出系数和碳排放系数来测算加工贸易中间品进口的国外排放,剔除了加工贸易进口节省的境外排放，真实测算了中国加工贸易出口排放与出口排放总量。考虑加工贸易背景下的中国出口碳排放测算，能够剔除传统中国出口碳排放的虚夸部分，部分减轻中国在国际节能减排中所承担的责任，为中国在国际污染治理的谈判中争取更多利益。另外，本研究从本国和贸易对象国两方的制约因素入手，从国家层面的环境规制、中间品投入产出比重、加工贸易进口额、加工贸易产业内贸易指数、出口总量、绿色全要素生产率、FDI 吸收等方面，对影响加工贸易背景下的出口碳排放总量和单位排放强度的因素也进行了实证检验。

第二节　加工贸易约束下出口碳排放测算的投入产出模型与理论

传统的投入产出模型对加工贸易和一般贸易使用相同的假设。由于加工贸易的中间投入主要是来自国外进口，而一般贸易的中间投入主要来自国内供给，所以加工贸易和一般贸易的投入技术系数和碳排放系数是完全不一样的，这导致隐含在它们之中总的排放强度也完全不一样。

对于不考虑加工贸易的一般的投入产出模型被写为：

$$x = (I-A_d)^{-1}(y_d+y_e) = L_d(y_d+y_e) \tag{5-1}$$

这里 x 是总产出，A_d 是总的国内生产系数矩阵，y_d 代表国内最终消费，y_e 代表出口。$L_d(I-A_d)^{-1}$ 代表国内投入产出列昂惕夫逆矩阵，f 表示单位产出的 CO_2 排放强度，总的 CO_2 排放量被定义为：

$$C_{tot} = fx = fL_d(y_d+y_e) = fL_dy_d+fL_dy_e = C_d+C_e \tag{5-2}$$

这里 $C_d = fL_dy_d$ 是一国国内最终消费隐含的碳排放量，$C_e = fL_dy_e$ 是一国出口隐含碳排放量。出口由一般贸易 y_{ne} 和加工贸易 y_{pe} 组成，因此有 $y_e = y_{ne} + y_{pe}$，一国碳排放总量为：

$$C_{tot} = fx = fL_d(y_d + y_e) = fL_d(y_d + y_{ne} + y_{pe}) = fL_d y_d + fL_d y_{pe} = C_d + C_{ne} + C_{pe} \tag{5-3}$$

具体来说，国内现在对出口隐含的碳排放测算有以下几种方法：

(1)不区分加工贸易测算出口隐含碳排放，即认为加工贸易和一般贸易一样各个产业具有国内一样的完全消耗系数，都等于国内最终消费的投入产出系数，即有：

$$C_{tot} = f^d x = \underbrace{\sum_{k=1}^{n} \sum_{j=1}^{n} f_k^d (I - a_{jk}^d) y_f^d}_{\text{国内生产消费碳排放（A）}} + \underbrace{\sum_{k=1}^{n} \sum_{j=1}^{n} f_k^d (I - a_{jk}^d) y_{ne}^d}_{\text{一般出口碳排放（B）}} + \underbrace{\sum_{k=1}^{n} \sum_{j=1}^{n} f_k^d (I - a_{jk}^d) y_{pe}^d}_{\text{加工贸易出口碳排放（C）}}$$

$$= \sum_{k=1}^{n} f_k^d L^d (y_f^d + y_{ne}^d + y_{pe}^d) \tag{5-4}$$

这里 a_{jk}^d 代表国内 j 部门对 k 部门的完全消耗系数，$L_d = (I - A_d)^{-1}$ 代表国内投入产出列昂惕夫逆矩阵，f_k^d 代表国内 k 部门的 CO_2 排放强度。

(2)利用进口非竞争的投入产出模型测算加工出口贸易的隐含碳排放，利用进口的非竞争型投入产出系数来区分加工贸易和一般贸易。式中的 a_{jk}^p 表示进口非竞争型投入产出表进口部分国内投入产出系数，即有：

$$C_{tot} = f^d x = \underbrace{\sum_{k=1}^{n} \sum_{j=1}^{n} f_k^d (I - a_{jk}^d) y_f^d}_{\text{国内生产消费碳排放（A）}} + \underbrace{\sum_{k=1}^{n} \sum_{j=1}^{n} f_k^d (I - a_{jk}^d) y_{ne}^d}_{\text{一般出口碳排放B}} + \underbrace{\sum_{k=1}^{n} \sum_{j=1}^{n} f_k^d (I - a_{jk}^p) y_{pe}^d}_{\text{加工贸易出口碳排放C}}$$

$$= \sum_{k=1}^{n} f_k^d L^d (y_f^d + y_{ne}^d) + \sum_{k=1}^{n} f_k^d L^p y_{pe}^d \tag{5-5}$$

本研究的测算方法为：从消费侧的角度认为这是中国对中间品消耗的国外排放，应该从加工贸易出口中剔除。用进口非竞争型投入产出表无法区分具体进口国的投入产出系数和碳排放系数，仍旧是采用"本国技术假定"的原则，测算出来的结果有一定的偏差。本研究的模型为：

$$C_{tot} = f^{d}x = \underbrace{\sum_{k=1}^{n}\sum_{j=1}^{n} f_{k}^{d}(I-a_{jk}^{d})y_{f}^{d}}_{国内生产消费碳排放（A）} + \underbrace{\sum_{m}^{m=n}\sum_{k=1}^{n}\sum_{j=1}^{n} f_{k}^{d}(I-a_{jk}^{d})y_{ne}^{dm}}_{向 m 国一般出口碳排放（B）} +$$

$$\underbrace{\sum_{m}^{m=n}\sum_{k=1}^{n}\sum_{j=1}^{n} f_{k}^{d}(I-a_{jk}^{d})y_{pe}^{dm}}_{向 m 国加工出口贸易碳排放（C）} - \underbrace{\sum_{m}^{m=n}\sum_{k=1}^{n}\sum_{j=1}^{n} f_{k}^{f}(I-a_{jk}^{f})y_{pi}^{dm}}_{向 m 国加工进口贸易碳排放（D）} \qquad (5\text{-}6)$$

$$= \sum_{k=1}^{n} f_{k}^{d}L^{d}y_{f}^{d} + \sum_{m}^{m=n}\sum_{k=1}^{n} f_{k}^{d}L^{d}y_{ne}^{dm} + \sum_{m}^{m=n}\sum_{k=1}^{n} f_{k}^{d}L^{d}y_{pe}^{dm} - \sum_{m}^{m=n}\sum_{k=1}^{n} f_{k}^{m}L^{m}y_{pe}^{dm}$$

假设中国有 n 个贸易对象国，y_{ne}^{dm}、y_{pe}^{dm}、y_{pi}^{dm} 分别代表中国对 m 国的一般出口、加工出口与加工进口。a_{jk}^{f}、L^{m} 和 f_{k}^{f} 分别代表 m 进口国的部门完全消耗系数、列昂惕夫逆矩阵与 m 进口国 k 部门的碳排放强度系数。世界投入产出数据库（WIOD）网站上提供了连续时段内各个国家的投入产出表，使得本研究可以摒弃"国内技术假设"的不科学，采用更为准确的技术系数对每一个贸易对象国的一般出口碳排放、加工出口碳排放和加工进口国外碳排放进行一一测算。

第三节　加工贸易约束下中国双边出口贸易碳排放测算与环境效应评估

本研究利用世界投入产出网站（WIOD）提供的世界投入产出表序列，采用多区域投入产出法对贸易中隐含的碳排放量进行核算。世界投入产出表包含了41个国家和地区，每个国家35个行业的国内中间需求、国内最终需求以及对40个国家的进口中间需求和进口最终需求。世界投入产出表包括每个国家的投入产出系数、国家的环境账户、国家经济账户，摒弃了学术界通常使用的"国内技术假定"的假设，能够准确出口实际隐含的碳排放量。本研究将世界投入产出表的35个部门和国研网海关分类的22个大类相结合，不考虑服务贸易，重新划分为15个大类，分别是农业、采矿业、食品产业、纺织服装业、皮革与鞋类、伐木与木制品、纸浆与印刷业、化工产业、橡胶塑料、其他非金属矿、钢铁及相关制品、机械产业、电子计算机及光学产业、运输设备业、其他制造业。同时，选择中国最大贸易伙伴国包括 G7 国家、金砖四国作为研究对象，包括中—日、中—欧盟、中—美、中—意、中—美、中—德、中—法、中—英、中—澳、中—加、中—墨、中—印、中—俄、中—巴，就中国与这些贸易对象国2001—2009年的一般出口碳排放、加工出口碳排放分别进行测算。本研究的特点是不测算国内消费生产碳排放，只测算出口碳排放，尤其是加工贸易背景下中国对贸易对象国中间品进口的引致需求，从而剔除中国出口碳排放的虚夸排放部分。我们分别用4种方法来测算中国对贸易对象国的出口碳排放量(见表5-1)。A 方法是测算中国生产侧的出口碳排放，完全不考虑加工贸易中进口品国外排放的情况，从本国生产侧角度出发，按照本国投入产出列昂惕夫逆矩阵和部门碳排放系数对本国出口碳排放进行测算，也是国内对出口隐含碳排放用得最多的方法。需要指出的是，我们剔除了香港特别行政区这个重要的指标，尽管2013年我国内地对香港特别行政区的出口占比达到17.4%，对港加工贸易的比重更是达到对港出口的80%，但由于世界投入产出表缺少香港特别行政区的投入产出表和碳排放数据，因此在本研究中不对中国香港特别行政区做研究。

B、C、D 这3种方法是从消费侧角度出发，考虑中国对其他国家中间品进口的境外消费，直接从中国加工贸易出口碳排放中剔除。但这3种方法对于他国投入产出系数和碳排放系数的处理方法不一样。本研究采用 B 方法，完全区分加工中间品国外排放对加工贸易出口碳排放进行测算。

A 种方法按生产侧来计算出口碳排放总量，中国向发达国家美国、日本和欧盟出口隐含排放总和高达248.9百万吨，对金砖国家巴西、印度和俄罗斯出口排放分别为750万吨、1 670万吨、850万吨。不考虑加工贸易进口中间品所节省国外排放，这样测算出来的碳排放总量和出口额往往是正相关的，与出口碳排放的实际差异很大。A 种测算方法会大大高估中国的对外出口隐含碳排放。其从生产侧的角度出发，不考虑中间品进口的国外排放，认为这种中间品也由国内生产导致了大量虚夸的中间品国内排放。

表 5-1　不同测算方法下 2009 年中国向贸易对象国和地区出口碳排放总量

（单位：百万吨）

A（从生产侧角度测算）：不区分加工贸易进口中间品的国外排放
a. 本国列昂惕夫逆矩阵；b. 本国碳排放系数

	中—日	中—美	中—欧盟	中—德	中—法	中—英	中—韩	中—印	中—俄	中—巴	中—墨
出口总排放	44.1	93.7	111.1	22.5	9.2	14.1	32.4	16.7	8.5	7.5	5.9
一般出口排放	20.0	37.0	57.1	11.2	4.6	7.4	16.8	11.6	5.7	4.6	2.5
加工出口排放	24.1	56.7	54.0	11.3	4.6	6.7	15.7	5.1	2.8	2.9	3.4

B（从消费侧角度测算真实出口碳排放）：完全区分加工贸易中间品的国外排放
a. 本国列昂惕夫逆矩阵；b. 本国部门碳排放强度系数；c. 进口国矩阵逆阵；d. 进口国碳排放系数

	中—日	中—美	中—欧盟	中—德	中—法	中—英	中—韩	中—印	中—俄	中—巴	中—墨
出口总排放	31.4	89.2	105.5	21.1	8.7	13.6	10.2	14.3	-1.1	6.8	5.7
一般出口排放	20.0	37.0	57.1	11.2	4.6	7.4	16.8	11.6	5.7	4.6	2.5
加工出口排放	11.4	52.2	48.4	9.9	4.1	6.2	-6.6	6.5	-6.8	1.7	3.2

C（从消费侧角度测算虚拟出口碳排放）：用本国技术假设区分加工贸易中间品的国外排放
a. 本国列昂惕夫逆矩阵；b. 本国部门碳排放强度系数；c. 本国矩阵逆阵和本国排放系数替代进口国

	中—日	中—美	中—欧盟	中—德	中—法	中—英	中—韩	中—印	中—俄	中—巴	中—墨
出口总排放	5.7	81.6	99.0	15.1	6.9	12.4	-4.9	14.7	3.7	6.1	5.3
一般出口排放	20.0	37.0	57.1	11.2	4.6	7.4	16.8	11.6	5.7	4.6	2.5
加工出口排放	-14.3	44.7	41.9	3.9	2.3	5.1	-21.7	3.1	-2.0	1.5	2.8

D（从消费侧角度部分真实测算出口碳排放）：部分区分加工贸易中间品的国外排放
a. 本国列昂惕夫逆矩阵；b. 本国部门碳排放强度系数；c. 进口国矩阵逆阵；d. 本国碳排放系数替代进口国

	中—日	中—美	中—欧盟	中—德	中—法	中—英	中—韩	中—印	中—俄	中—巴	中—墨
出口总排放	18.2	87.8	98.6	19.0	7.9	13.2	1.2	15.3	5.0	6.5	5.7
一般出口排放	20.0	37.0	57.1	11.2	4.6	7.4	16.8	11.6	5.7	4.6	2.5
加工出口排放	-1.8	50.8	41.4	7.8	3.3	5.8	-15.4	3.7	-0.7	1.9	3.2

B、C、D三种方法均是基于消费侧原则，考虑加工贸易出口与加工贸易进口的紧密关联，尤其是在"来料加工"与"进料加工"下对产品简单生产装配，再出口海外。加工贸易"大进"增加了中国对国外中间品的需求，也要为他国因为中国对中间品需求而额外排放的碳排放量承担相关责任。只是这种中间品进口的对外需求相对于国外对我国中间品、最终品的进口需求要小很多。生产侧的测算只注重生产导致的CO_2的排放国，而不考虑造成这种排放结果的生产需求的来源。消费侧既要考虑自身生产需求导致的排放，也要考虑国外的需求导致的排放，而本研究与以往学术界最大的不同点在于，还考虑了我国对国外生产需求导致的国外的排放，对我国而言是一种排放的节省。

B种方法真实测算了加工贸易出口隐含的碳排放，在多区域世界投入产出法下根据每一个进口国的列昂惕夫逆矩阵以及碳排放系数来测算中间品的国外排放，再从国内加工出口排放中剔除。B种方法与A种方法测算的出口隐含碳排放差异很大，差额部分即为中国进口中间品的国外排放。所有研究对象中，B种方法比A种方法测算的排放总量全都小，下降幅度最大的是韩国和日本，差额分别是22.2万吨、18.6万吨、12.7万吨。B种方法下测算，中国对韩国、俄罗斯两地的加工贸易碳排放均呈现逆差分别达到−21.7万吨、−6.8万吨。逆差的出现原因，一方面是中国对这些国家和地区的加工贸易进口额大于加工贸易出口额，产业内贸易系数偏高，加工进口严重依赖于加工出口；另一方面是进口国的投入产出技术系数与碳排放强度系数大于中国，导致测算出来的加工进口国外排放大于本国加工出口排放。

C种测算方法是学术界早期考虑加工贸易进口因素对中国出口碳排放进行测算的一种设想。彭水军(2010)等学者提出用本国列昂惕夫逆矩阵与碳排放系数计算的国外进口碳排放量，可以看成是对本国碳排放的节省，即本国省碳量。基于当时技术与数据条件的缺乏，学术界只是看到了存在的问题，并提出了假想的解决方案。C方法测算出来的出口碳排放量会大大低于实际出口碳排放量，因为用本国投入产出技术和碳排放技术替代进口国，尤其是对日本、德国等环境规制高、碳排放量低的国家进行替代，会导致中间进口品的国外排放大大高于国外实际排放。因此，A 测算方法高估而 C 种测算方法低估中国出口隐含碳排放量。D 方法在大部分的情况下会低估中国出口碳排放量，D 与 C 的不同之处在于，D 种方法下认可不同国家具有不同的投入产出系数，由于各国碳排放系数的缺乏，不得不用本国碳排放系数进行替代，因此是部分区分加工贸易中间品的国外排放。

与表5-1测算排放总量不同，表5-2测算了2009年中国对不同贸易伙伴单位出口的碳含量强度，表示每万美元出口额所隐含的 CO_2 量。A 方法相比 B 方法测算的消费出口单位含碳量明显偏大，偏差最大的是日本、韩国、俄罗斯。B 测算结果表明中国对俄罗斯的单位出口含碳量均为负值(见表5-2)。

表5-2　2009 年中国对各个贸易国和地区单位出口含碳量强度

(单位：吨 / 万美元)

	中一日	中一美	中一欧盟	中一德	中一法	中一英	中一意	中一澳	中一加
A 测算方法	4.5	4.2	4.6	4.5	4.3	4.5	4.8	2.6	4.6
B 测算方法	3.2	4.0	4.4	4.2	4.1	4.4	4.3	2.5	3.9
C 测算方法	0.6	3.7	4.1	3.0	3.2	4.0	4.0	2.1	3.9
D 测算方法	1.9	4.0	4.1	3.8	3.7	4.2	4.3	2.4	4.3

	中一比	中一荷	中一印尼	中一印	中一韩	中一俄	中一巴	中一墨
A 测算方法	6.0	8.8	5.6	5.6	6.0	4.9	5.3	4.8
B 测算方法	5.1	7.9	4.5	4.8	1.9	−0.6	4.8	4.6
C 测算方法	3.3	−1.3	4.3	5.0	−0.9	2.1	4.3	4.3
D 测算方法	4.1	6.2	5.0	5.1	0.2	2.8	4.6	4.6

基于完全区分加工贸易的目标，我们依据 B 种测算方法，就2001—2009年中国与各个贸易对象国的数据测算中国在各个年度对各个国家的单位出口含

碳量，绘制图5-2。由此可以看出，中国对各个国家的单位出口含碳量逐年下降。原因在于，一方面，中国近年来在节能减排方面取得了一定成就，国内生产单位排放强度从2001年的8.3吨/万美元持续下降到2009年的4.1吨/万美元(根据世界投入产出表能源账户计算得出)，由于中国高度嵌入全球分工体系，承接了全球装配、低附加值的加工环节，使得投入与产出的比例并不合理，是一种粗放型增长，负面抵消了出口污染排放降低的程度；另一方面，考虑到中国数量庞大的加工贸易，伴随着中间品零部件的大量进口，在中国进行组装，再出口到第三国，这种独特的贸易方式使得加工贸易的进口量、进口国的投入产出系数、进口国的部门碳排放强度、进口国的绿色全要素生产率，都影响到消费侧下中国出口碳排放强度。如果进口的中间品省碳量越大，测算出来的中国单位出口含碳量就越小，俄罗斯的部门碳排放强度大，投入大、产出小，中间环节投入高，使得中国对加工中间品消费的进口省碳量很高，抵消了中国加工出口给俄罗斯带来的出口高排放。消费侧完全区分加工贸易时，中国对俄罗斯的单位出口含碳量为负。不能否认的是，俄罗斯节能减排工作的开展取得了一定的成效，尤其是俄罗斯国内生产碳排放强度系数从2001年的25.1吨/万美元下降到2009年的6.5吨/万美元，年均降幅高达15.6%，这些都改变着中国对俄罗出口含碳量的变化趋势(见图5-2)。

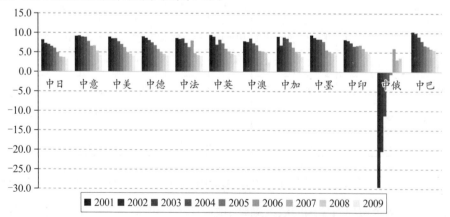

图5-2　2001—2009年完全区分加工贸易下的中国单位出口含碳量强度测算(单位：吨/万美元)

第四节　加工贸易约束下影响中国双边贸易 环境效应的实证研究

我们在第三节测算的基础上，对加工贸易背景下影响中国双边贸易环境效应的影响因素做出实证研究，这些因素包括贸易双方的环境规制、贸易双方的中间投入、贸易双方的绿色全要素生产率、产业内贸易指数、加工贸易额等。我们分别在考虑加工贸易因素和不考虑加工贸易因素的两种情况下，对影响中国与12个主要贸易对象国加工贸易约束下双边贸易环境效应的影响因子做出对比与分析，从而得到加工贸易约束下改善中国双边贸易环境效应的主要措施。

一、指标的选择与数据描述

这一部分，我们对加工贸易下中国出口碳排放的影响因素进行实证分析。本研究根据中国与12个贸易对象国2001—2009年面板数据和2009年中国与19个国家15个产业的截面数据分别做实证研究，试图从国家和产业两个角度来解释其影响因素。我们以2001—2009年中—日、中—意、中—德、中—美、中—法、中—英、中—澳、中—加、中—墨、中—印、中—俄、中—巴12个截面的中国出口碳排放为被解释变量，即不考虑加工贸易的出口碳排放指标为出口单位含碳量（c_1）和出口碳排放总量（p_1）；考虑加工贸易的出口碳排放指标为完全加工贸易下单位出口含碳量（c_2）、完全加工贸易下出口碳排放总量（p_2）。其中，c_1 和 p_1 根据 A 方法测算，c_2 和 p_2 根据 B 方法测算。要解释加工贸易对中国出口碳排放的影响，必须考虑影响中国和贸易对象国双边因素。因此，解释变量依次为中国环境规制（$regu_1$）、贸易国环境规制（$regu_2$）、中国中间投入比重（$interput_1$）、贸易国中间投入比重（$interput_2$）、中国绿色全要素生产率（$gtfp_1$）、贸易国绿色全要素生产率（$gtfp_2$），另外还有中国对外商直接投资吸收额（$lfdi$）、向贸易国总出口额（lex）、对贸易国的加工进口额（$limp$）、中国与贸易国产业内贸易指数（IIT）。

中国环境规制（$regu_1$）与贸易国环境规制（$regu_2$）均根据世界投入产出表各个国家的能源账户碳排放总量除以国家总产出得来，单位为吨/万美元，该指标越大表明单位产出排放的碳越大，该国环境规制越低。我们预期，中国环境规制（$regu_1$）值越大，环境规制越低，出口碳排放总量和出口单位含碳量越高，$regu_1$与被解释变量正相关；贸易国环境规制（$regu_2$）越小，环境规制越高，中国中间品进口节省的碳排放越小，真实出口碳排放总量和单位出口含碳量越大，即$regu_2$与被解释变量负相关；中国中间投入比重（$interput_1$）、贸易国中间投入比重（$interput_2$），两个指标都是根据各国世界投入产出表所有行业的中间投入/所有行业的产出计算得来。该值越高，表明一定产出下，中间投入比重越大，高投入高碳排放趋势更明显，预计与被解释变量正相关；中国对各国外商直接投入吸收额（$lfdi$），由历年中国统计年鉴相关数据取对数得来。根据污染天堂理论，吸收的 FDI 越多，国外通过 FDI 向中国转移的污染产业越多，本研究预期中国对各国外商直接投入吸收额（$lfdi$）与被解释变量正相关。向贸易国总出口额（lex）、对贸易国的加工进口额（$limp$）的数据均来自国研网取对数获得。

理论上说，中国绿色全要素生产率（$gtfp_1$）与出口碳排放两指标负相关。而对象国绿色全要素生产率（$gtfp_2$）越高，中国加工贸易中间品进口的境外排放越低，真实出口碳排放越高，两指标预期正相关。关于绿色全要素生产率的测算，我们将中国、日本、意大利、德国、美国、法国、英国、澳大利亚、加拿大、墨西哥、印度、俄罗斯、巴西13个国家看成是13个生产决策单元（DMU），DMU 产出是每个国家的生产总值，投入为每个国家的资本存量、劳动力数量以及污染排放量。生产总值、资本存量、劳动力数量的数据均来自世界银行数据库，污染排放量来自 WIOD 网站能源账户。利用3种投入、1种产出的 VRS 成本最小化的 DEA 模型，用 DEAP 2.1 软件测算出各个国家含有污染投入的绿色全要素生产率（*gtfp*）。图5-3所示为2001—2009年各个国家绿色全要素生产率的均值。可以看出，中国的绿色全要素生产率（*gtfp*）是所有国家中最低的，2001—2009年的均值仅为0.43，紧随其后的是印度，仅仅0.56。法国、英国和美国位于生产效率边界的最前沿，值均为1。事实上，中国的绿色全要素生产率（*gtfp*）有持续走低的趋势，从2001年的0.504持续下降到2009年的0.323，说明2001—2009年期间，中国经济的粗放型增长状况在不断加剧，不仅体现在高的资本和劳动投入，还包括高的能源投入。

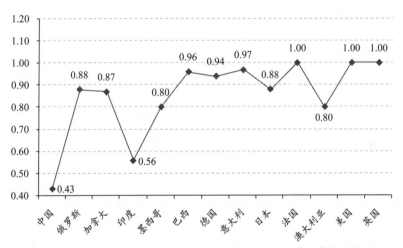

图5-3　2001—2009年各个国家绿色全要素生产率（*gtfp*）均值比较

关于产业内贸易程度的指标（*IIT*），我们引入了 Grubel 和 Lloyd（1975）所提出 *IIT* 指数来衡量加工贸易进口和出口的关系。

$$ITT_{jk} = \frac{2\sum_i \min(X_{ijk}, X_{ikj})}{\sum_i (X_{ijk}, X_{ikj})} \quad (5\text{-}7)$$

IIT_{jk} 衡量国家 *j* 和国家 *k* 产业内贸易的程度，其中，*X_{ijk}* 是国家 *j* 到国家 *k*

产业 i 的出口，X_{ikj} 代表国家 k 从国家 j 产业 i 的出口。如果大量进口伴随着大量出口，产业内贸易指数就会越高，反之亦然。2009年，中国与主要贸易对象产业内贸易指数测算结果如表5-3所示。

表5-3　2009年中国与主要贸易对象产业内贸易指数（IIT）测算

中—日	中—美	中—欧盟	中—德	中—法	中—英	中—意	中—澳	中—加
0.85	0.52	0.73	0.95	0.75	0.40	0.70	0.69	0.81
中—比	中—荷	中—印尼	中—印	中—韩	中—俄	中—巴	中—墨	
0.70	0.25	0.96	0.63	0.69	0.91	0.67	0.48	

二、国家层面面板数据实证分析

我们的数据是时间序列较短且截面较少的面板，不具备大数据特征，因此模型选择剔除了动态面板模型（GMM），只考虑静态面板模型即固定效应分析、随机效应分析以及混合的最小二乘分析。我们在固定效应模型（FE）与随机效应模型（RE）中加入时间虚拟变量 yr^*，回归后发现没有明显的时间趋势。因此，表5-4中我们没有对固定效应模型（FE）及随机效应模型（RE）来设定时间虚拟变量。被解释变量是不考虑加工贸易下的单位出口含碳量（c_1）（模型1~模型3），不考虑加工贸易因素出口碳排放总量（p_1）（模型7），完全加工贸易下单位出口含碳量（c_2）（模型4和模型5），完全加工贸易下出口碳排放总量（p_2）（模型8）。我们通过霍斯曼检验证明，所有的固定效应模型均优于随机效应模型，承认不同的个体具有不同的截距，因此也优于混合的最小二乘估计（ols）。在本研究中，我们认为固定效应模型（fe）更具科学性，由于篇幅有限在对 p_1 和 p_2 的解释中，我们只列出固定效应模型（模型7和模型8）。几乎所有模型均证明本国的环境规制（$regu_1$）与4个被解释变量均为正相关。这里需要说明的是，本国环境规制值（$regu_1$）越高，实质上代表的是单位 GDP 的 CO_2 排放越高，从规制的角度来讲，是一个较低的环境规制，因此，实证结果的经济学意义在于本国环境规制越低（$regu_1$ 值越高），单位出口含碳量 c_1、c_2 以及出口碳排放总量 p_1、p_2 越高，这是符合预期的。对象国的环境规制（$regu_2$）对 c_1 的影响系数要小于对 c_2 的影响系数，贸易对象国环境规制值（$regu_2$）每提升1%（环境规制降低1%），单位出口含碳量（c_2）会下降1.7%（模型4），而不考虑加工贸易的单位出口含碳量（c_1）只会下降0.1%（模型1）。他国环境规制严格，会导致本国消费的进口中间品的国外排放减少，消费减少，本国节省也减少，从而对该国单位出口含碳量也减少。本国的绿色全要素生产率（$gtfp_1$）只对 c_1 有显著影响，与其他被解释变量 c_2、p_1、p_2 都没有显著相关。本国绿色全要素生产率（$gtfp_1$）越低，本国的出口单位含碳量越低，这与本研究预期地正好相反。笔者认为，中国绿色全要素生产率在2001—2009年内持续走低，中国粗放型增长的趋势有所增强，并未做到资本、资源利用和生产率的同时提升，绿色全要素生产率（$gtfp_1$）对降低出口单位排放并未如预期所想。但是，贸易对象国的绿色全要素生产率（$gtfp_2$）与加工贸易下单位出口含碳量（c_2）的关系明显为负相关，表明贸易对象国绿色全要生产率提升1%，本国出口含碳量（c_2）下降4.4%（模型4），意味着贸易对象国绿色生产率提升有外部效应，中国通过进口中间品产生技术外溢效应，有利于降低出口碳排放总量和单位含碳量。加工贸易进口额（$limp$）对出口单位含碳量 c_1、c_2 的影响显著为负，尤其对考虑加工贸易 c_2 的影响系数和显著程度均高于不考虑加工贸易的 c_1，加工进口额每增加1%会导致加工贸易背景下，剔除加工进口后的出口单位含碳量（c_2）下降1.2%（模型4），加工进口额的增加实现中间品生产的境外排放，中间品境外排放越多，本国境内排放就越少，本国出口单位碳排放下降。

表5-4　2001—2009年中国出口碳排放影响因子实证研究结果

解释变量	被解释变量							
	c_1	c_1	c_1	c_2	c_2	c_2	p_1	p_2
	fe（1）	re（2）	ols（3）	fe（4）	re（5）	ols（6）	fe（7）	fe（8）
$regu_1$	0.7*** (8.6)	0.7*** (8.3)	0.7*** (7.9)	1.1*** (5.4)	1.2*** (5.1)	1.2*** (5.6)	4.5*** (2.7)	4.5** (2.6)
$regu_2$	−0.1** (−2.5)	−0.07* (−1.8)	−0.04 (−1.3)	−1.7*** (−16)	−1.1*** (−16.1)	−1.0*** (−8.2)	−0.6 (−0.63)	−0.2 (0.42)
$gtfp_1$	5.5*** (3.5)	6.1*** (3.7)	7.2*** (3.5)	4.2 (1.1)	6.9 (1.5)	7* (1.7)	4 (0.13)	25 (0.77)
$gtfp_2$	1.3 (0.95)	−0.9 (−0.9)	−3.2*** (−4.6)	−4.4* (1.1)	−7.6*** (−4.1)	−7.7*** (−4.6)	38.7 (1.5)	29.4 (1.9)
$lfdi$	−0.3** (−2.6)	−0.2* (−1.9)	−0.04 (−0.53)	−0.06 (−0.21)	−0.17 (−0.93)	−0.18 (−1.2)	−8.1*** (−3.2)	−4.0*** (−2.72)
lex	−0.05 (−0.15)	0.2 (0.56)	0.7** (1.9)	0.7* (0.9)	3.7*** (5.3)	4.0*** (3.6)	18.3*** (2.8)	27.7*** (5.0)
$limp$	−0.2*** (−0.6)	−0.3 (−1.3)	−0.8** (−2.5)	−1.2* (−1.8)	−3.5*** (−5.9)	−3.6*** (−3.8)	10.7 (1.8)	1.8 (0.38)
$Interput_1$	−21.5*** (−3.2)	−26.1* (−3.95)	−33.5*** (−4.5)	−16.6 (−1.02)	−18.7 (−1.1)	−21 (−1.2)	−207* (−1.5)	−228* (−1.76)
$Interput_2$	−0.17 (−0.03)	2.0 (0.64)	1.9 (1.35)	−1.9 (−0.15)	−1.6 (−0.33)	−1.2 (−0.5)	30.3 (0.27)	−57 (−1.33)
IIT	−0.45 (−0.7)	−0.09 (−0.15)	−0.03 (−0.04)	−2.9* (0.59)	−3.7** (2.3)	−3.7* (2.2)	−26.2** (−2.1)	−20.1* (−1.7)
c	19.6*** (4.3)	19.6*** (4.2)	21.8*** (3.7)	15.3 (1.4)	5.3 (0.42)	4.6 (0.36)	−220** (−2.4)	−237** (−2.6)
霍斯曼 检验值	28.9 0.002			64.9 0.00			226.4 0.00	21.1 0.007
R^2			0.9			0.91		
F 值	134.1		94.2	75.9		39.8	18.8	18.6
p	0.00		0.00	0.00		0.00	0.00	0.00
观察值	108	108	108	108	108	108	108	108
横截面	12	12	12	12	12	12	12	12

注：*、**、*** 分别代表在10%、5%、1%的显著水平上通过检验。

外商直接投资与不考虑加工贸易出口碳排放总量（p_1）和完全考虑加工贸易出口碳排放总量（p_2）呈显著地负相关，表明中国吸收外商直接投资量增大会使得出口碳排放总量均有所下降，从某种意义上否定了中国"污染天堂"的存在。笔者认为，这是由于国外绿色全要素生产率较国内高，因此，跨国公司进入国内合资合作行业以及外商独资行业的绿色生产效率也提高，加上跨国公司的内部贸易，大量加工贸易中间品进口的存在也降低了中国出口碳排放总量。跨国公司进入从某种程度上提升了技术与效率，导致了中国对外出口碳排放总量的下降。跨国公司的中间品内部进口，民族企业的"来料加工""进料加工"通过进口中间品的方式确实节省了中国国内 CO_2 的排放。产业内贸易指数（IIT）与加工贸易下单位出口含碳量（c_2）与出口排放总量（p_1、p_2）也呈现明显的负相关(模型1~模型6)，产业内贸易指数越大，加工贸易内进出口的关联越大，越能降低中国的出口碳排放总量和强度(模型7和模型8)。本国的中间产品投入比重（$interput_1$）越高，本国出口含碳量（c_1）和碳排放总量（p_1、p_2）均下降。一般来说，发达国家的中间投入比重小于发展中国家，服务业中间比重低于制造业中间投入比重，因此中间投入比重越小的国家和产业，碳排放强度也应该会越小。笔者认为，中国是制造业大国，无论是低科技含量、中高等科技含量的产业均是高投入，甚至越是清洁的高科技产业越需要国家的大力扶持与投入，这样就使得中国和发达国家的经济增长方向不太一样，发达国家已经进入了低投入、高增长的阶段，而我国粗放型增长方式仍然未变，高科技含量产业是高投入、高增长，低科技含量产业是高投入、低增长，因此，造成中国的中间投入比重（$interput_1$）与出口碳排放的指标（c_1、p_1、p_2）负相关。

三、产业层面截面数据实证分析

接下来，我们就2009年的研究数据，通过增加中国与贸易国家的样本容量(中国—比利时、中国—荷兰、中国—葡萄牙、中国—西班牙、中国—韩国、中国—印度尼西亚),包括中国与19个国家的15个产业共273个观测值来进行产业层面的截面研究。这15个产业分别是农业、采矿业、食品、纺织服装、皮革鞋业、伐木与木制品、造纸印刷、化工、橡胶塑料、其他非金属矿、钢铁、机械、计算机及光学、运输、其他制造业。每个截面的被解释变量分别剔除加工贸易因素的中国与贸易对象国的产业单位出口含碳量(c_1')、产业出口碳排放总量(p_1')以及加工贸易下,中国与贸易对象国的产业单位出口含碳量(c_1')、产业出口碳排放总量(p_2')。解释变量依次为中国各个产业环境规制($regu_1'$)、他国各个产业环境规制($regu_2'$),仍然用世界投入产出表及能源账户计算出每万美元所需排放的 CO_2(吨)来表示;中国产业中间投入比重($interput_1'$)、他国产业中间投入比重($interput_2'$)根据行业的中间投入/行业产出来计算;中国各个行业对外商直接投入吸收额($lfdi'$),根据历年中国工业统计年鉴相关数据取对数得来;这里,我们将产业加工贸易进口额具体划分成产业进料加工进口额($limp_1'$)、产业来料加工进口额($limp_2'$),这两种数据同产业出口总值(lex')一样,数据均来自国研网取对数得到。我们对所有的模型均采取混合的最小二乘法进行实证回归。在全样本下,本国产业环境规制($regu_1'$)与单位出口含碳量(c_1'、c_2')出口碳排放总量(p_1'、p_2')为正相关增长,即 $regu_1'$ 值每提升1%(环境规制越松散),不考虑加工贸易的中国产业出口含碳量(c_1')、产业碳排放总量(p_1')、加工贸易下中国产业出口含碳量(c_2')、产业碳排放总量(p_2')分别增长6.4%、0.3%、6%、0.26%。而贸易对象国产业环境规制($regu_2'$)与出口碳排放呈现负相关关系。值得注意的是,进料加工贸易进口对出口排放的影响比来料加工贸易进口的影响要大。如果进料加工进口($limp_1$)提升1%,加工贸易下产业出口含碳量(c_2')将提升4.2%(模型2),而来料加工进口($limp_2'$)在所有模型下与被解释变量均无显著相关。

表5-5　两种测算方法下中国出口碳排放影响因子 OLS 的
实证研究结果（产业层面截面分析）

解释变量	被解释变量					
	c_1	c_2	p_1	p_2	p_1	p_2
	全样本（1）	全样本（2）	全样本（3）	全样本（4）	污染品（5）	污染品（6）
$regu_1'$	6.4[***]	6[***]	0.3[***]	0.26[***]	−0.37	−0.3
	(6.7)	(6.8)	(7.4)	(6.5)	(−1.2)	(−0.9)
$regu_2'$	−1.3	−1.9[**]	−0.04	−0.1[***]	−0.1[*]	−0.2[**]
	(−1.5)	(−2.2)	(−1.0)	(−2.8)	(−1.6)	(−2.2)
$skill_1'$	402[***]	370[***]	9.1[***]	8.3[**]	−77[*]	−58
	(5.2)	(5.1)	(2.8)	(2.5)	(−1.8)	(−1.3)
$skill_2'$	−32[*]	−20[*]	0.7	1.2	1.9	2.7
	(−1.6)	(−1.1)	(0.82)	(1.4)	(0.65)	(0.86)
$lfdi'$	33.6	−9.9	−2.7	−3.6[*]	−10.7	−14.5[*]
	(7.2)	(−0.2)	(−1.2)	(−1.6)	(−1.3)	(−1.7)
$limp_1'$	3.6	4.2[*]	0.1	0.05	0.85[**]	0.5
	(6.9)	(1.6)	(1.1)	(0.44)	(2.4)	(1.3)
$limp_2'$	0.2	0.7	0.09	0.1	−0.08	−0.01
	(1.3)	(0.38)	(1.1)	(1.3)	(−0.32)	(−0.05)
lex'	−21[***]	−18[***]	0.6[***]	0.6[***]	1.9[***]	1.8[***]
	(−8.2)	(−7.5)	(5.2)	(5.2)	(4.8)	(4.4)
$interput_1'$	−49.6[*]	−48.7[*]	−1.5	−1.4	−58[**]	−44[*]
	(−1.6)	(−1.7)	(−1.2)	(−1.1)	(4.8)	(−1.9)
$interput_2'$	−3.9	−3.2	−0.01	−0.09	−0.6	−0.7
	(−0.6)	(−0.5)	(−0.03)	(−0.31)	(−0.44)	(−0.5)
$inter_2'$	−35[**]	−28[**]	0.7	0.6	−0.2	0.02
	(−2.6)	(−2.6)	(1.2)	(1.1)	(−0.13)	(0.01)
c	155	233	0.4	3.7	61.9[**]	62.8[*]
	(1.2)	(1.9)	(0.1)	(0.7)	(2.1)	(1.9)
观察值	273	273	273	273	273	273
横截面	273	273	273	273	273	273

表5-6　各变量统计性描述

面板数据				截面数据			
变量	Mean	Min	Max	变量	Mean	Min	Max
c_1	7.6	2.6	14	c_1'	22.5	0.23	843
c_2	5.7	−29.6	10.3	c_2'	19.1	−34	735
p_1	20.9	1.6	131.9	p_1'	1.2	0.002	24.3
p_2	16.8	−10.4	127.3	p_2'	0.92	−3.9	23.4
$regu_1$	6.6	4.1	8.3	$regu_1'$	2.6	0.13	17.7
$regu_2$	3.1	0.49	25.1	$regu_2'$	2.3	0	36.1
tfp_1	0.43	0.32	0.5	$skill_1'$	0.06	0.000 4	0.16
tfp_2	0.89	0.4	1	$skill_2'$	0.3	0.02	0.97
$lfdi$	10.2	4.5	13.4	$lfdi'$	2.9	2.3	3.2
lex	14.3	11.8	17	lex'	11.1	6.2	16.2
$limp$	12.9	10.4	16	$limp_1'$	7.9	−0.81	14.6
$interput_1$	0.65	0.62	0.68	$limp_2'$	6.5	−6.4	13.6
$interput_2$	0.5	0.42	0.64	$interput_1'$	0.74	0.41	0.84
$inter_2$	0.74	0.21	1.1	$interput_2'$	0.73	0.03	6.8
				$inter_2'$	0.45	0.000 5	0.998

第五节　结　　论

本章利用世界投入产出表测算了加工贸易背景下中国对主要双边贸易对象的出口碳排放总量与单位出口含碳量。与以往学术界最大的不同在于，本研究借助了世界投入产出表细分了进口国的投入产出系数，并借助世界投入产出的能源账户测算了各个国家CO_2排放强度，定义了各个国家的环境规制强度，解决了中国学术界测算出口碳排放技术上的障碍。本研究考虑了不区分加工贸易、完全区分加工贸易、虚拟区分加工贸易、部分区分加工贸易的情况，从生产侧和消费侧的角度对中国在加工贸易下出口碳排放进行科学的测算。本研究的研究重点在于，完全区分加工贸易下的测算（B方法），从消费侧的角度来解释测算结果，表明中国对中间品进口是对国外碳排放的一种消费，不计入本国出口中间排放，予以扣除。B方法完全考虑加工贸易对中国出口碳排放的测算，运用各个进口国不同的投入产出系数和碳排放系数，结果比A方法不考虑加工贸易的测算结果低。学术界对加工贸易夸大中国出口碳排放的虚拟测算C方法，利用本国投入产出技术系数和碳排放系数来替代中间品进口的贸易国，会使得测算结果同进出口贸易呈比例增长，并且，由于中国的技术系数往往大于贸易对象，会造成国外排放的虚夸，夸大加工贸易对国内出口碳排放的影响，降低中国出口碳排放的总量和单位强度。

　　要考虑加工贸易对中国出口碳排放的影响，必须厘清影响中国和贸易对象国双边因素。首先，自身的环境规制（$regu_1$）是影响加工贸易背景下中国出口碳排放总量和单位出口含碳量最重要的因素，自身环境规制越严格，出口碳排放总量和单位排放强度越小。中国是环境规制下降幅度最大的一个国家，从1995年的14.4吨/万美元下降到4.1吨/万美元，降幅为8.6%。因此，继续保持中国碳排放强度的下降、提升污染治理技术是解决出口排放污染的根本途径。但是，中国的绿色全要素生产率（$gtfp_1$）并未如预期那样负向影响出口碳排放，很多情况下甚至与出口碳排放不相关。但贸易对象国的绿色全要素生产率（$gtfp_2$）却能通过出口中间品达到技术外溢效应，降低中国的出口单位排放强度和总量。这是因为，加入能源约束后，中国绿色全要素生产率大大低于发达国家和其他发展中国家，中国的生产效率并未达到资源、劳动力、能源约束下的最大化，产业发展依然遵循高投入低产出粗放型增长。我们可以看到，中国产业中间投入比重很高，远高于发达国家，例如，2009年中国中间品投入产出比重达到0.67，日本、美国、德国仅为0.47、0.43、0.49。产业中间投入比重越高，国内消费生产碳排放越大，反之亦然。与预期相反，本研究实证研究结果表明中国产业中间投入比重（$interput_1$）越高，出口碳排放越低。这样的结果更验证了中国高投入高产出的路径模式，而且越是国家政策扶持的高科技产业、新兴产业，其中间品投入产出比重越大。中国生产效率的提升一定要建立在绿色生产效率基础上，要提升绿色生产效率，中国必须进一步降低出口碳排放总量和单位强度，有效降低中间投入比重，走集约型增长道路。另外，贸易对象国的环境规制（$regu_2$）、绿色全要素生产率（$gtfp_2$）与被解释变量显著负相关。中国出口总量更能影响剔除加工进口后的出口单位强度和排放总量，出口总量越多，加工贸易背景下的出口单位含碳量越高，但中间品的进口额增加会降低出口单位含碳量，尤其是加工贸易背景下，负向影响的系数更大。外商直接投资的吸收与被解释变量负相关，表明吸收的直接投资越多，中国出口碳排放会下降，"污染天堂"理论在中国不成立，FDI流入下全球产业转移并没有增加中国的污染排放。这有可能是由跨国公司内部贸易导致，中国的跨国公司增强对国外母公司或子公司中间品的进口，减少了中间品的本国生产，实现了部分中间品的境外排放。另外，民族企业也通过加工贸易的"来料加工""进料加工"等方式，使中间品的污染生产部分转移到国外。

第六章　出口贸易增长模式对
中国环境生产效率的影响

随着中国成为世界第一大出口国，贸易与环境的博弈已经成为不争的事实。中国通过高投入、高排放生产出污染密集度高的产品，一方面通过出口将污染排放传递到国外；另一方面，国内的污染消费和生产也逐渐递增。鉴于加工贸易低技术含量、低附加值以及偏重制造环节的特征，决定了加工贸易有可能加大中国的污染出口，但中间品进口的特征又意味着加工贸易有可能节省中间品生产的污染消费。因此，加工贸易背景下中国出口的增长不仅会影响到出口生产效率，带来进出口污染排放净值的环境效应，更会影响到本国的工业环境生产效率，带来工业绿色全要素生产效率的变化。

第一节　环境生产效率测度模型构建

全要素生产率作为经济绩效的一个重要衡量指标，目前的测度方法主要有：索洛余值法、随机前沿生产函数法（SFA）、代数指数法和数据包络分析（DEA）。其中，索洛余值法和随机前沿生产函数法都需要设立特定的生产函数形式，并遵循相关的假设前提，否则其估算的结果将是有偏差的；而代数指数法仅仅考虑市场性的"坏"的产出，这与我国工业化时代环境约束不断增强的事实相悖，容易扭曲对生产率的正确认识。为了将环境要素纳入全要素生产率的分析框架，即考虑能源投入和"坏"污染排放的影响，本节采用非经向、非角度的 SBM 方向距离函数来测算中国制造业的绿色全要素生产率。SBM 模型不需要设定生产者最有行为目标及特殊生产函数形式，在解决投入产出松弛问题的同时，避免了传统 DEA 方法中由于经向和角度选择差异带来的偏差和影响。

我们将每一个制造行业看成一个生产决策单元（DUM），假定每一个 DUM 均有投入、期望产出和非期望产出 3 个投入产出向量，分别用矩阵定义为：

$$X=(x_1,\cdots,x_n)\in R^{m\cdot n},\ Y^g=(y_1^g,\cdots,y_n^g)\in R^{s_1\cdot n},\ Y^b=(y_1^g,\cdots,y_n^b)\in R^{s_2\cdot n} \quad (6\text{-}1)$$

Fare 等（2007）定义的环境技术函数构造了一个既包括"好"产出，又包括"坏"产出的生产可能性集合，即环境技术的函数表达式。本研究定义矩阵 $X=(x_{ij})\in R^+_{nxm}$ 表示投入要素对应的向量，$Y^g=(y_{ij}^g)\in R^+_{uxm}$ 表示期望产出对应的向量，$Y^b=(y_{ij}^b)\in R^+_{vxm}$ 为非期望产出对应的向量。假设生产可能性集满足闭集和凸集、联合弱可处置性、零结合性及期望产出与投入的强可处置性，运用 DEA 方法，环境技术可模型化为：

$$P(x)=\left\{(x,y^g,y^b)\mid x\geqslant X\lambda,y^g\leqslant Y^g\lambda,y^b=Y^b\lambda,\sum_{i=1}^m\lambda=1,\lambda\geqslant0\right\} \quad (6\text{-}2)$$

其中，λ 表示横截面观察值的权重，若 $\sum_{i=1}^m\lambda=1$ 表示规模报酬可变（VRS），若 $\lambda\geqslant0$ 并去除权重之和为1的约束条件表示规模报酬不变（CRS）。

Tone（2003）定义考虑非期望产出 SBM 效率测度模型，可以综合考虑投入、产出和污染间的关系，并较好地解决效率评价中的松弛问题，即对某一特定的 $DMU_0(x_0,y_0^g,y_0^b)$，考虑非期望产出的 SBM 模型即是求解下列线性规划模型：

$$\min p^* = \frac{1 - \dfrac{1}{n}\sum_{i=1}^{n} s_i^- \big/ x_{io}}{1 + \dfrac{1}{u+v}\left(\sum_{j=1}^{u} s_j^g \big/ y_{jo}^g + \sum_{j=1}^{u} s_j^b \big/ y_{jo}^b\right)} \tag{6-3}$$

$$\text{s.t. } x_0 = X\lambda + s^-,\ y_0^b = Y^b\lambda + s^b,\ \lambda,\ s^g,\ s^b,\ s^- \geqslant 0$$

其中，$s^- \in R^n$ 及 $s^b \in R^v$ 分别表示投入和非期望产出过多，而 $s^g \in R^u$ 表示期望产出不足。p^* 的分子和分母则分别表示生产决策单元，实际投入和产出相对于生产技术前沿的平均可缩减比例和平均可扩张比例。

环境技术 $P(x)$ 给出考虑环境因素后产出的可能前言，是测算绿色全要素生产率的基础。本节在环境技术集的基础上引入方向性距离函数，即对于某个具体的工业行业 k' 而言，第 t 期的方向性距离函数可以通过下式到：

$$\vec{D}_0^t\left(x^t, y^t, b^t; g_y, -g_b\right) = \max \beta$$

$$\text{s.t. } \sum_{k=1}^{K} z_k^t y_{kj}^t \geqslant y_{k'j}^t + \beta g_{yj}^t,\ j = 1, 2, \cdots, u \tag{6-4}$$

$$\sum_{k=1}^{K} z_k^t x_{kj}^t \leqslant x_{k'j}^t,\ i = 1, 2, \cdots, n$$

其中，z_k^t 为第 t 期的权重值，$k = 1, 2, \cdots, K$。在求得方向性距离函数后，根据 Chung 等（1997）提出的方法，本节可以得到第 t 期至第 $t+1$ 期的绿色全要素生产率指数 $gtfp$ 为：

$$gtfp_t^{t+1} = \left\{\frac{1 + \vec{D}_0^t\left(x^t, y^t, b^t; g^t\right)}{1 + \vec{D}_0^t\left(x^{t+1}, y^{t+1}, b^{t+1}; g^{t+1}\right)} \cdot \frac{1 + \vec{D}_0^{t+1}\left(x^t, y^t, b^t; g^t\right)}{1 + \vec{D}_0^{t+1}\left(x^{t+1}, y^{t+1}, b^{t+1}; g^{t+1}\right)}\right\}^{1/2} \tag{6-5}$$

$gtfp$ 指数测算需要借助线性规划方法在不变规模报酬和可变规模报酬下求解 4 个方向性距离函数，其中，2 个线性规划求解当期方向性距离函数，对应的数据集为 t 或 $t+1$ 的技术进行求解。

本部分的主要数据来自中国工业企业数据库，以工业环境生产效率作为衡量生产效率的指标。基本方法是采用非经向非角度的方向性距离函数，考虑松弛变量的 DEA-RAM 模型，利用 DEAP 2.1软件进行测算。生产可能性集中既包含期望产出，又包含具有弱处置性的非期望产出，投入为剔除价格变化 [1] 因素的人均制造业资产、制造业就业比例、人均能源消费量；产出为剔除价格因素的期望的制造业人均工业产值、非期望的人均污染排放。其中，人均污染排放指标的测算由中国环境统计年鉴的工业废水、工业废气和工业固体废料的人均排放加权构成。

表6-1描述了2014年全国30个省市自治区非期望的污染投入（人均能源消耗／标准煤万吨）、非期望人均污染产出、由 DEAP 2.1测算出来的工业生产效率以及工业环境规制等指标。可以看出工业生产效率等于1的省份主要还是集中在东部地区。

表6-1　2014年工业环境生产效率及污染指标一览表

	人均能源消费／标准煤万吨	人均污染产出	工业治理投资比重 /%	环境污染治理投资比重 /%	工业环境规制	工业环境生产效率
北京	3.47	2.42	0.04	1.31	0.16	0.88
天津	5.61	7.50	0.28	1.55	0.23	1.00
河北	4.07	11.09	0.21	2.54	0.67	1.00
山西	5.10	10.15	0.47	2.21	0.61	0.75
内蒙古	7.55	12.50	0.44	2.76	0.48	1.00
辽宁	5.18	11.44	0.11	1.69	0.53	0.95
吉林	3.31	7.02	0.13	0.96	0.28	1.00
黑龙江	3.16	5.26	0.18	1.21	0.25	0.71
上海	4.80	8.63	0.09	0.75	0.24	0.98
江苏	3.49	11.41	0.14	1.17	0.65	1.00
浙江	3.26	12.90	0.12	0.74	0.60	0.92
安徽	1.77	6.29	0.13	1.75	0.44	1.00
福建	2.86	17.61	0.19	1.13	0.41	0.90

[1]　对人均制造业资产、人均工业产值的处理均以2005年为基期剔除价格因素测算。

表6-1(续)

	人均能源消费/标准煤万吨	人均污染产出	工业治理投资比重/%	环境污染治理投资比重/%	工业环境规制	工业环境生产效率
江西	1.54	7.33	0.12	2.06	0.37	1.00
山东	3.85	8.90	0.29	1.35	0.92	1.00
河南	2.46	6.89	0.15	0.61	0.54	0.93
湖北	2.88	7.81	0.11	1.32	0.40	0.84
湖南	2.45	6.19	0.12	0.65	0.38	0.99
广东	2.71	6.85	0.07	0.62	0.59	0.95
广西	1.85	9.94	0.18	1.38	0.34	1.00
海南	1.82	3.39	0.58	1.11	0.13	0.96
重庆	3.01	5.30	0.11	2.59	0.24	0.77
四川	2.45	4.81	0.18	0.67	0.46	0.73
贵州	2.61	3.75	0.72	1.14	0.33	0.63
云南	2.06	5.91	0.46	1.34	0.33	0.80
陕西	2.61	5.67	0.41	4.66	0.53	0.75
甘肃	2.53	5.09	0.55	1.19	0.23	0.82
青海	5.61	15.21	0.34	1.57	0.08	1.00
宁夏	6.75	17.04	0.47	2.73	0.20	0.76
新疆	4.49	6.92	0.39	2.01	0.14	0.76

第二节　出口增长方式与中国环境生产效率的关系

中国学术界衡量出口集约增长的指标，一般采用 Hummels (2005) 的模型方法，但该模型并没有从种类的广度和单一产品的深度来定义扩展和集约，仅分解成数量增长、价格增长和广度增长3种效应。陈勇兵等(2012)用出口微观企业数量的增加来进行定义，与西方学者的出口种类增长定义仍有区别。易先忠等(2014)、刘修岩等(2013)各自利用联合国贸易和发展会仪用三分位贸易数据以及中国工业企业数据库测算了出口集聚度来代表出口集约增长，却没有给出扩展增长的公式。本研究采用出口集聚度来代表出口专业化分工程度，即出口集约增长，见式(6-6)：

$$INT_{it=} \frac{\sqrt{\sum_{m=1}^{n}\left(\frac{x_{ijt}}{X_{it}}\right)^2} - \sqrt{\frac{1}{n}}}{1 - \sqrt{\frac{1}{n}}} \tag{6-6}$$

我们以工业制造微观企业为研究对象，利用2002—2011[①] 年中国工业企业数据库四位码的出口数据对 INT_{it} 进行测算，n 代表产品种类数量，j 代表产品，i 代表省、自治区、直辖市(未包含西藏)。对于出口扩展增长的指标，本研究利用中国工业企业数据库四位码分类的微观出口数据，计算出微观企业的出口种类，以及用当年比前一年出口种类的年增幅率代表出口的扩展增长(ext)。

表6-2 各指标的数据统计及指标解释

变量	观测值	均值	标准差	最小值	最大值	指标解释
gtfp	300	0.81	0.17	0.33	1	工业环境生产效率：能源投入和污染非期望产出 [a]
int	300	0.31	0.16	0.04	0.96	出口集约增长：INT 指标测算 [b]
ext	300	0.007	0.14	-0.51	1.11	出口扩展增长：当年出口种类相对前一年的增长幅度 [b]
skil	300	1.02	0.49	0.25	2.97	技术劳动力密度：高等院校毕业生 / 人口 [c]
rd	300	5.72	1.58	1.06	9.1	研发投入：工业企业研发经费内部支出取对数 [d]
cred	300	1.07	0.36	0.54	2.58	流动性限制：各项贷款 / 地区 GDP [e]
fdi	300	5.46	1.45	1.95	8.65	外商资本流入量取对数 [c]
doma	300	8.46	0.92	5.79	10.5	国内市场规模：本地 GDP- 本地出口值 [c]
gdp	300	8.63	1.12	5.12	10.9	国民生产总值

---

① 由于国研网省域层面加工贸易数据只到 2002 年，因而选择 2002—2011 年的面板数据。

表6-2(续)

变量	观测值	均值	标准差	最小值	最大值	指标解释
stru	300	0.19	0.20	0.004	1	人均基础设施：四类人均基础设施[①]标准化处理后加权平均[c]
regu	300	2.22	1.59	0.32	8.35	环境规制：以剔除价格人均 GDP 测算得出
proc	300	0.34	0.21	0.000 9	0.85	加工出口深度：加工出口额／出口[f]
vari	300	372	113.3	78	546	出口种类：中国工业企业数据库四位码制造业出口种类

注：a. 根据中国工业经济统计年鉴、中国能源统计年鉴、中国环境统计年鉴数据，用 deap 2.1 软件测算；b. 来自中国工业企业数据库四位码出口数据；c. 中国统计年鉴；d. 中国科技统计年鉴；e. 中国金融统计年鉴；f. 国研网贸易政策决策数据库。

　　本研究分别做出集约增长(*int*)、扩张增长(*ext*)与工业环境生产效率(*gtfp*)的散点图和拟合值，不难发现，出口集约增长与工业环境生产效率有负相关的趋势但并不明显(图6-1)，而出口扩展增长与工业环境生产效率增长明显有正向联系(图6-2)。[①]

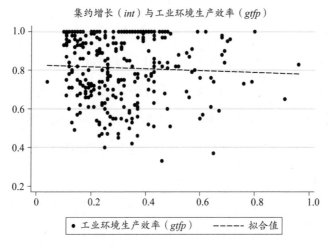

图6-1　集约增长与工业环境生产效率的散点图

....

① 四类人均基础设施包括：人均铁路公里数、移动电话比例、互联网人数比例、人均公共车辆数。

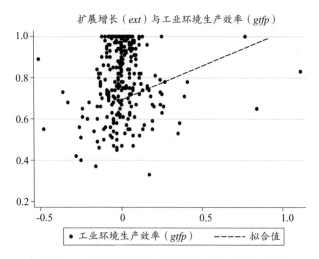

图6-2　扩展增长与工业环境生产效率的散点图

根据式(6-7)和式(6-8)，我们对30个省份2002—2011年的时间序列分别进行单变量回归，被解释变量为工业环境生产效率（*gtfp*），解释变量为出口集约增长（*int*）与出口扩展增长（*ext*）。

$$gtfp_{it} = \beta_{1it}int_{it} + e_{it} \tag{6-7}$$

$$gtfp_{it} = \beta_{2it}ext_{it} + l_{it} \tag{6-8}$$

根据式6-7的回归结果，30个省份出口集约增长的回归系数有一半大于0。我们将回归系数 β_1 大于0的省份记为 a 组，表明集约增长提升 *gtfp*；将系数 β_1 小于0的省份记为 b 组，表明集约增长降低 *gtfp*。根据式(6-8)的回归结果，几乎每个省份出口扩展增长对工业环境生产效率的回归系数都为正，因此我们将扩展效应回归系数前15位的省份记为 a′组，后15位的省份记为 b′组。将 a、b、a′、b′ 中各个变量的均值一一列入表7-2，包括人力资本密度（*skil*）、研发（*rd*）、流动性限制（*cred*）、外资流入（*fdi*）、国内市场规模（*doma*）、国民生产总值（*gdp*）、基础设施（*stru*）、环境规制（*regu*）、加工贸易深度（*proc*）和出口种类（*vari*）。b 组各变量指标均值都高于 a 组，意味着出口集约增长降低工业环境生产效率组别的省份拥有更高的绿色工业生产率、人力资本、研发投入、加工出口深度，拥有更强的金融流动性和更大的国民生产总值与外资吸收力度、更完善的基础设施以及更严格的环境规制。同时，出口扩展增长排名前15位省份的 a′ 组，相比 b′ 组均具有更完善的要素环境（见表6-3）。

表6-3 各个分组的指标比较

	gtfp	skil	rd	cred	fdi	doma	gdp	stru	regu	proc	vari
a	0.74	1.10	5.66	1.04	5.11	8.69	8.62	0.17	1.96	0.28	371
b	0.87	0.95	5.77	1.11	5.76	8.26	8.63	0.21	2.44	0.40	374
a′	0.89	1.03	6.73	1.11	6.46	8.92	9.35	0.27	2.87	0.42	467
b′	0.73	1.02	4.71	1.04	4.46	8.00	7.91	0.12	1.56	0.27	284

第三节 加工贸易门槛模型下两种出口增长方式对工业环境生产效率影响的实证研究

一、加工贸易与出口集约增长、出口扩展增长的关系

我们就两种出口增长方式与工业环境生产效率提升的关系做了门槛检验，得到出口扩展增长提升工业环境生产效率、出口集约增长的自我选择机制失灵的结论。之所以导致不同的研究结果，笔者认为是加工贸易起到了关键作用。出口集约增长更多地依赖非熟练劳动投入、低技术密集度的加工贸易，而扩展增长更多依赖研发与高新技术的投入，与加工贸易联系并不紧密。因此，我们首先探讨加工贸易对两种出口增长方式影响的不同路径，然后基于这种差异性影响路径，分析是否存在加工贸易门槛效应使得出口集约增长与出口扩展增长非线性地影响工业环境生产效率。

笔者将2002—2011年年均加工贸易比重从小到大依次排列绘制成图6-3。加工贸易比重最高的地区集中在东部；最大比重的10个省份中，西部地区占

了8个；最低比重前10个省份中，西部省份占了8个，东部省份只有浙江和河北。为了探讨加工贸易与出口集约增长、出口扩张增长的关系，我们根据式(6-9)和式(6-10)分别对加工贸易与两种出口增长做出单变量回归：

$$int_{it} = p_{1it} \, proc_{it} + e_{it} \tag{6-9}$$

$$ext_{it} = p_{2it} \, proc_{it} + l_{it} \tag{6-10}$$

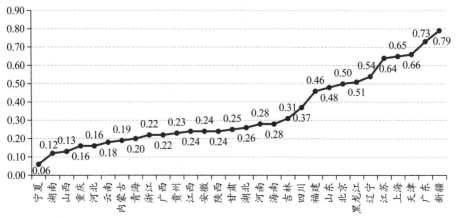

图6-3　2002—2011年30个省（自治区、直辖市）年均加工贸易出口比重（*proc*）

首先对面板数据中300个观测对象的加工贸易（*proc*）与出口集约增长（*int*）、出口扩展增长（*ext*）的变量做出单变量回归，发现加工贸易比重增长显著降低出口集约增长，即加工贸易出口比重每提升1%，出口集约增长显著下降0.17%，而加工贸易比重与出口扩展增长的关系非常不明显(见表6-4)。同时，对30个省份2002—2011年的时间序列分别做出单变量回归，发现几乎没有一个省的加工贸易（*proc*）与出口扩展增长（*ext*）存在显著相关的关系，因此，可列出各个省份加工贸易（*proc*）与出口集约增长（*int*）的单变量回归结果(见表6-5)。30个省份有17个回归系数为负（$p_1<0$），表明加工贸易比重越高，出口集约增长下降，其中广东、海南、贵州、江西省份单变量回归高度显著；13个省份的回归系数为正（$p_1>0$），表明加工贸易比重越高，出口集约增长上升，仅有上海、江苏高度显著。以上研究表明，无论是单变量的面板回归还是各个省份时间序列回归，加工贸易与出口集约增长均表现为负相关倾向。

表6-4　300个观测对象加工贸易与出口集约增长、扩展增长的单变量回归

int	系数	*t* 值	概率	*ext*	系数	*t* 值	概率
proc	-0.17^{**}	-2.1	0.041	proc	0.01	0.1	0.92

表6-5　2002—2011年30个省（自治区、直辖市）加工贸易与出口集约增长单变量回归

$p_1>0$（加工贸易提升出口集约增长）	$p_1<0$（加工贸易降低出口集约增长）
天津、山西、吉林、黑龙江、上海、江苏、浙江、安徽、湖北、重庆、四川、青海、新疆	北京、河北、内蒙古、辽宁、福建、江西、山东、河南、湖南、广东、广西、海南、贵州、云南、陕西、甘肃、宁夏

注：下划线表示该省份单变量回归在1%、5%和10%以内显著。

二、加工贸易门槛模型下两种出口增长方式对工业环境生产效率的影响

加工贸易对出口扩展增长和集约增长影响路径的差异，导致了两种出口模式对工业环境生产效率影响路径的差异。我们假设加工贸易出口对出口集约增长和出口扩展增长提升生产效率均存在门槛效应，列式如下：

$$gtfp_{it}=\beta_{1it}\,int_{it}\,I(proc_{it}\leqslant\gamma_3)+\beta_{2it}\,int_{it}\,I(proc_{it}>\gamma_3)+\beta_{3it}\,ext_{it}+\beta_{4it}\,skil_{it}++\beta_{5it}\,rd_{it}+$$
$$\beta_{6it}\,regu_{it}+\beta_{7it}\,fdI_{IT}+\beta_{8it}\,doma_{it}+\beta_{9it}\,stru_{it}+\beta_{10it}\,proc_{it}+\beta_{10it}\,cred_{it}+\varepsilon_{it} \quad (6\text{-}11)$$

$$gtfp_{it}=\beta_{1it}\,ext_{it}\,I(proc_{it}\leqslant\gamma_4)+\beta_{2it}\,ext_{it}\,I(proc_{it}>\gamma_4)+\beta_{3it}\,int_{it}+\beta_{4it}\,skil_{it}++\beta_{5it}\,rd_{it}+$$
$$\beta_{6it}\,regu_{it}+\beta_{7it}\,fdI_{IT}+\beta_{8it}\,doma_{it}+\beta_{9it}\,stru_{it}+\beta_{10it}\,proc_{it}+\beta_{10it}\,cred_{it}+\varepsilon_{it} \quad (6\text{-}12)$$

我们仍采用 boostrap150次进行检验，模拟似然比 LR 检验的渐进分布，基于此构造有效的 *P* 值。如果得到的 *P* 值小于我们设定的临界值（如5%），就拒绝原假设，认为存在门槛效应，备择假设 $H_0：\beta_1\neq\beta_2$ 成立。集约出口增长与加工贸易门槛检验在单一门槛和双重门槛均被拒绝，但双重门槛检验的临界值出现负值，因此舍去，我们选择单一门槛模型，唯一的门槛值为0.04（见表6-6）。扩展出口增长与加工贸易的双重门槛模型检验具有更小的 *P* 值和临

界值，因此双重门槛模型确立，门槛值分别为0.107和0.645（见表6-6）。

表6-6　加工贸易门槛模型的检验

门槛变量	假设检验	F 值	P 值	1%	5%	10%	门槛估计值	95% 置信区间
proc（出口集约增长）	单一门槛	29.3***	0.00	23.63	17.36	14.8	0.04	[0.04, 0.097]
	双重门槛	14.9***	0.00	−0.41	−3.58	−5.19	0.036, 0.14	[0.097, 0.598], [0.036, 0.623]
	三重门槛	0.00	0.13	0.00	0.00	0.00	0.096	[0.082, 0.123]
proc（出口扩展增长）	单一门槛	3.92**	0.04	6.17	3.84	3.24	0.647	[0.082, 0.123]
	双重门槛	3.65**	0.01	5.29	2.17	1.82	0.107, 0.645	[0.036, 0.778], [0.436, 0.778]
	三重门槛	0.00	0.14	0.00	0.00	0.00	0.57	[0.135, 0.778]

表6-7中模型1和模型2分别设定加工贸易在空间上存在非线性的结构变化，从而在某一点上不同方向地影响出口集约增长和出口扩展增长，影响出口工业环境生产效率提升。当加工贸易出口比重（proc）小于0.04时，出口集约增长与工业环境生产效率 $[int \cdot I(proc)]$ 的关系并不明显。而当加工贸易出口比重（proc）大于0.04时，出口集约增长会使工业环境生产效率 $[int \cdot I(proc)]$ 显著下降0.14%（模型1）。300个观测值的加工贸易均值为0.33，东部地区最高为0.48，如北京、江苏、上海、天津和广东分别高达0.5、0.64、0.65、0.66、0.73，宁夏、湖南、山西、重庆地区均值最小依次为0.06、0.12、0.13和0.16。仅12个观测值出口扩展增长小于门槛值0.04，其余282个大于0.04，表明出口集约增长（int）对加工贸易的反应非常灵敏，是制约集约增长、提升工业环境生产效率的主要原因，几乎所有的观测值都能跨过加工贸易的低门槛，降低工业环境生产效率。以2006年为例，加工贸易比重小于0.04的只有青海、宁夏两省（见表6-8）。事实上，我国的加工贸易大部分是低技术含量、低附加值的重复装配劳动，以集约增长、重复简单的劳动为主，专业化分工模式十分明显（戴觅 等，

2014；张少华 等，2014）。加工贸易与出口集约增长紧密负相关，决定出口集约增长无法完成出口自我选择机制。

表6-7　加工贸易、出口增长与工业环境生产效率的门槛回归结果

	模型1	模型2	模型3	模型4	模型5	模型6	模型7
			全样本	全样本	$proc<0.107$	$0.107 \leqslant proc<0.645$	$proc \geqslant 0.645$
int		-0.08^{*} (-1.67)		-0.06 (-1.28)	0.22 (0.83)	-0.009 (0.85)	-0.68^{***} (-3.6)
ext	0.1^{**} (2.47)		0.09^{**} (2.3)		0.34^{*} (1.8)	0.05^{*} (1.20)	-0.16 (-0.84)
$skil$	-0.007 (-0.31)	-0.004 (-0.19)	-0.03 (1.13)	0.02 (0.55)	-0.34^{*} (-1.8)	-0.05^{***} (-2.97)	0.05 (1.74)
rd	-0.05^{***} (-4.44)	-0.04^{***} (-3.38)	-0.04^{***} (-2.59)	-0.04^{**} (-2.23)	0.16^{*} (1.79)	-0.08^{***} (-5.74)	-0.01 (-0.4)
$regu$	0.02^{*} (1.91)	0.05^{***} (5.18)	0.01^{*} (0.84)	0.006 (0.49)	0.18^{*} (1.64)	0.05^{***} (5.47)	0.005 (-0.29)
fdi	0.08^{***} (5.67)	0.1^{***} (7.22)	0.07^{***} (3.56)	0.07^{***} (3.33)	0.13 (1.61)	0.11^{***} (9.75)	0.07^{***} (3.32)
$doma$	0.09^{***} (4.2)	0.001 (0.09)	0.07^{***} (2.35)	0.08^{***} (2.62)	-0.19 (-1.54)	0.07^{***} (3.41)	-0.007 (-0.27)
$stru$	0.2 (1.49)	0.11^{*} (1.35)	0.2 (1.56)	0.2^{*} (1.61)	0.25 (0.21)	0.05 (0.61)	0.08 (0.48)

　　加工贸易约束下出口扩展增长（ext）提升工业环境生产效率的门槛值有2个。当加工贸易比重（$proc$）小于0.107时，出口扩展增长会导致工业环境生产效率 [$ext \cdot I(proc)$] 提升0.34%，当加工贸易比重（$proc$）在0.107和0.645之间时，出口扩展增长提升绿色工业效率 [$ext \cdot I(proc)$] 有所下降为0.07%。而当加工贸易比重（$proc$）大于0.645时，出口扩展增长与工业环境生产效率 [$ext \cdot I(proc)$] 表现出不显著（模型2）。与出口集约增长的低门槛相比，出口扩展增长负向影响工业环境生产效率的加工贸易门槛值非常高，为0.645。我们观察出，面板中只有38个观测对象加工贸易比重大于0.645，余下的262个观测对象均能够

正向提升工业环境生产效率。以2006年为例，比重大于0.645的仅为上海、新疆，其余省份的出口扩展增长均不受加工贸易的影响，能够完成出口自我选择机制（表6-8）。究其原因，在于出口扩展增长与加工贸易无明显关系，而是以种类增长为主要特征，需要研发的不断投入和技术的不断更新。因此，只要当加工贸易比重不高于0.645，出口扩展增长就能够跳出加工贸易生产率之谜的陷阱，正向提升工业环境生产效率，出口自我选择机制依然存在。

表6-8 2006年加工贸易、出口增长与工业环境生产效率的门槛值及地域分布

$int \cdot I(proc < 0.04)$	青海、宁夏
$int \cdot I(proc \geqslant 0.04)$	北京、天津、河北、山西、内蒙古、辽宁、吉林、黑龙江、上海、江苏、浙江、安徽、福建、江西、山东、河南、湖北、湖南、广东、广西、海南、重庆、贵州、云南、陕西、山西、甘肃、新疆
$ext \cdot I(proc < 0.107)$	青海、宁夏
$ext \cdot I(0.107 \leqslant proc < 0.645)$	北京、天津、河北、山西、内蒙古、辽宁、吉林、黑龙江、江苏、浙江、安徽、福建、江西、山东、河南、湖北、湖南、广东、广西、海南、重庆、四川、贵州、云南、陕西、甘肃
$ext \cdot I(proc \geqslant 0.645)$	上海、新疆

接下来，我们在表6-7模型3和模型4中分别加入加工贸易与出口集约增长的交互作用项（$proc \cdot int$）、加工贸易与出口扩展增长的交互作用项（$proc \cdot ext$）两个指标，来检验加工贸易与出口两种模式共同作用对工业环境生产效率的影响。显然，加工贸易与出口集约增长的交互作用项（$proc \cdot int$）每提升1%，工业环境生产效率（$gtfp$）下降0.4%（模型3），下降系数大于出口集约增长（int）本身对工业环境生产效率（$gtfp$）的下降系数（0.08%）（模型2），加工贸易确实加快了出口集约增长降低工业环境生产效率的速度。相反，出口扩展增长（ext）每提升1%，工业环境生产效率（$gtfp$）则提升0.1%（模型1），而加工贸易与出口扩展增长的交互作用项（$proc \cdot ext$）与工业环境生产效率并不显著相关（模

型4),再次验证加工贸易因素的介入对出口扩展增长与生产效率的关系并无显著影响。我们又对出口扩展增长的两个门槛值分三段实行最小二乘的 OLS 回归分析(模型5~模型7),对加工贸易门槛下出口扩展增长对工业环境生产效率影响的稳健性进行验证。

我们的结论是:出口集约增长显著受到加工贸易的负向影响,且加工贸易的门槛非常低,因此大部分省份很容易达到加工贸易要求,无法提升工业环境生产效率,加工贸易成为出口集约增长完成出口自我选择机制的一个主要障碍。相反,出口扩展增长与加工贸易没有显著关系,且加工贸易降低工业环境生产效率的门槛值非常高,因此阻碍了工业环境生产效率的提升,出口自我选择机制依然存在。

影响工业环境生产效率的其他因素包括研发投入(rd)、人力资本($skil$)、金融流动性($cred$)、国内市场规模($doma$)、外资吸收(fdi)、基础设施($stru$)、环境规制($regu$)、加工贸易深度($proc$)等。我们在表6-6和表6-7的门槛模型中对这些影响因素均进行了计量回归,表明这些影响因素对工业环境生产效率影响的结果基本是稳定的。

学术界普遍认为,研发和出口都能提升生产效率。一般来说,能克服沉没成本持续出口的公司拥有更高的生产效率,效率低的公司退出新产品市场(Arkolakis et al., 2010)。研发成本具有外部效应,一国参与研发发现的企业家越多,出口生产效率越容易提高(Lall, 2000)。与我们的预期相反,表6-7中大部分模型结果都表明研发投入(rd)与工业环境生产效率($gtfp$)显著负相关。究其原因,笔者认为是中国研发资本的过度投入形成弥补研发沉没成本的"垄断加价",扭曲了生产要素的合理配置,偏离帕累托最优。另外,中国工业研发投入力度越大的企业,国家政策扶持力度也越大,中间品投入产出比重更高,污染排放问题更突出,这也是造成工业环境生产效率低的原因。研发的过度投入会对人力资本积累（$skil$）产生侵蚀作用，表现为人力资本积累（$skil$）追赶不上研发积累（rd）的步伐，无法对研发的先进技术进行消化，难以实现干中学效应。这也是为什么本节研究中人力资本积累（$skil$）与工业环境生产效率（$gtfp$）负相关的原因（见表6-7模型5和模型6），尽管这种负相关只在少数模型中显著，但说明了我国现阶段人力资本积累对经济增长提升具有较大的局限性。

国外学术界普遍认为，一国金融市场越完善，企业越有机会为自身发展融资，弥补研发和出口的前期沉没成本，有效提高生产效率（Gilje et al.，2013；Chaney，2013）。与预期相反，我们的实证结果表明金融流动性（$cred$）越强，工业环境生产效率（$gtfp$）下降趋势越显著。笔者认为，这是因为我国金融资金大量流入了效率低下、行政命令繁杂的国有企业导致，由此导致金融流动性（$cred$）对生产效率的提升在我国完全失灵。

以上研究结果表明，中国内部要素，包括研发投入、人力资本投入、金融流动性机制，对工业环境生产效率的提升几乎失灵，仅有国内市场规模（$doma$）表现为正向提升工业环境生产效率。国内市场的完善有利于本土企业依托国内市场规模的确定的预期收益进行研发与出口，促使出口产品种类多样化，提高生产效率（易先忠 等，2014）。相对于内部环境，外部环境对工业环境生产效率提升更加明显，几乎所有的模型都证明FDI吸收（fdi）与工业环境生产效率（$gtfp$）正相关，这是因为吸收外资带来外部研发溢出效应非常明显，尤其是近年来跨国公司将服务业作为FDI投资的重点，有利于绿色GDP增长。同时，表6-7中几乎所有模型均证明，占半壁江山、具中国特色的加工贸易对我国工业环境生产效率的提升路径为负，即加工贸易出口程度（$proc$）越高，工业环境生产效率（$gtfp$）越低。

第四节　结　　论

很多学者提出，中国的出口自我选择机制部分失灵，即中国出口总量的增长不能带来生产效率的提升，也有学者提出这种现象的产生是由于加工贸易存在导致。与前人研究不同的是，笔者认可加工贸易不仅仅会影响中国出口总量，同时也影响到两种不同的出口增长方式，即出口集约增长与出口扩展增长。通过两种出口增长方式的不同影响路径，对工业环境生产效率也产生了不同的间接效应，这是本章研究的重点。中国出口主要依赖集约增长带动，而出口集约增长与加工贸易关系密切，因此，加工贸易的低技术、低效率带来集约增长自我选择机制失效。同时，出口扩展增长却能够跳出加工贸易的陷阱，完成扩展增长提升生产效率的使命。

从出口方式自身来说，出口集约增长提升工业环境生产效率并不显著，但出口扩展增长却能显著地提高工业环境生产效率。这是因为，出口集约增长过快有可能会带来核心产品国际市场价格下降。出口种类的扩展增长意味着研发新产品，产品种类增多能够通过满足国外消费者需求的差异性从而降低出口风险。但如果出口种类增长过快，研发新产品反而会降低核心产品质量与竞争力、新产品进入国际市场的成本以及不确定性风险因素增加。但中国省份大部分观测值的出口扩展增长均低于0.09的门槛值，因此大部分观测值出口扩展增长都能带来工业环境生产效率的有效提升。

本章最大的意义在于，从加工贸易的角度来解释两种出口增长方式对中国工业环境生产效率提升的不同路径与方向。出口集约增长原本与工业环境生产效率提升并无明确关系。但由于加工贸易与出口集约增长紧密相关，加工出口本身与工业环境生产效率负相关，因此加工贸易的存在导致出口集约增长显著拉低中国工业环境生产效率。而且加工贸易下出口集约增长降低工业环境生产效率的门槛值非常低，仅为0.04。面板数据300个观测对象有282个的加工出口比重超过0.04，因此大部分观测对象的出口集约增长能够轻易越过门槛值，降低工业环境生产效率，出口集约增长自我选择机制失灵。相反，加工贸易出口与出口扩展增长无明显关联，并且扩展增长降低工业环境生产效率的加工贸易的门槛值非常高为0.645。300个观测对象中有262的加工贸易比重小于门槛值，因此大部分观测对象的出口扩展增长能够提升工业环境生产效率，跳出加工贸易生产效率之谜的陷阱，出口扩展增长自我选择机制依然存在。

另外，外部机制，如出口、FDI的吸收，均能正向提升工业环境生产效率。相反，内部机制例如工业研发投入、技术含量投入、国内信贷等金融流动性，都在一定程度上降低了中国工业环境生产效率，内部机制失效。金融信贷长期投入生产效率低下、人员机构设置臃肿的国有企业，过度的研发投入都导致技术工人掌握先进技术的能力不能追赶上科技设备的更新，这些原因也导致了内部机制提升工业环境生产效率的失灵。

第七章　中国贸易环境效应改善的路径选择

随着经济全球化进程加速以及国际贸易快速增长，贸易隐含碳排放、碳泄露问题已引起国际社会的普遍关注。各国之间产业分工结构、贸易结构、能源利用效率等方面存在很大差异性，随着出口和投资的高速增长，使得环境规制高的发达国家通过进口污染品或直接投资的方式，将自身对污染产业的需求转向了环境规制低的发展中国家，出现"碳泄漏"现象。发展中国家为了满足发达国家的污染品需求，成了名副其实的"世界工厂"，不断为发达国家输出原材料与污染强度大的中间品，但在世界产业链中却依旧处于加工装配的低附加值地位。发达国家处于全球价值链的上游，获得高附加值的同时转移了污染产业，而让发展中国家付出沉重的环境代价，引发了全球对污染排放的"生产者负责"和"消费者负责"的问题。"后京都时代"的到来使得新一轮碳排放权与碳减排责任的分配将是国际政治博弈的主要任务。无论"生产者负责"和"消费者负责"，贸易中的隐含碳排放问题都会因为生产者和消费者的国别分离，导致其核算的困难和减排责任分配上的争议。

中国的出口碳排放问题引起了发达国家学术界的密切关注。从生产者负责来说，中国出口的高排放粗放型增长，通过出口贸易向发达国家转移了污染。但从消费者负责角度而言，发达国家对污染产品的需求转向了中国，通过向中国进口污染品减少了发达国家的污染排放。同时，中国加工贸易对中间进口品的需求减少了中国对本国中间品生产的污染排放，应该从本国污染排放中剔除。但发达国家对中国出口碳排放的测算中并没有考虑中间品的污染剔除问题，直接导致了中国出口碳排放的虚夸。为了减少中国的出口碳排放，一方面要从调整本国出口结构、减少出口能耗入手；另一方面，在国际减污谈判中要坚持从消费者需求出发，强调中国加工贸易中间品污染进口的事实，争取在国际节能减排谈判中争取权益，承担合理的减排责任和义务。

第一节　中国贸易环境效应改善的政策建议

中国如何提高自己在国际节能减排谈判中的地位，改善中国贸易环境效应，本研究提出以下具体路径。

一、合理设置适度差异化环境规制

政府应制定相应的环保政策，让大部分省市以环境保护为核心要务，杜绝牺牲环境式的经济发展路径，而过度的环境保护又会在一定程度上削弱环境全要素生产率在技术进步、效率改进方面的作用，不合理的环境规制设计无法达成环境全要素生产率的激励，因此环境规制设计不合理成为了现阶段中国制造业发展方式粗放增长与外延特征的重要原因。我们认识到，一味地加强环境规制并不能使环境全要素生产效率提升，促使中国工业发展方式转变。国家应针对不同的行业特征，合理设计具有差异性的环境规制强度。对轻度污染的、环境规制低的制造业而言，其知识以及技术密集型的产业特点决定了这些行业的资源能耗小、环境污染碳排放少，但有些制造业仍有可能对资源与环境造成大威胁。政府没有能对环境全要素生产效率的提高给予充分的激励机制，忽视对污染能耗大的产业的排污投入，造成该产业环境规制较低。对于低环境规制产业，应该激励企业进行绿色技术创新和管理制度改革，达到提高行业环境全要素生产效率的目的。对于环境规制中等的重度污染行业，应该在保持原有规制水平基础上，积极推动环境规制工具的创新，促进环境规制工具由命令控制型向激励型转变，有效刺激企业开展绿色技术创新以提高环境全要素生产率。一方面，要更加注重市场化手段在节能减排及环境保护方面的基础性作用，通过开展环境税、排污权交易试点工作，有序推进排污市场建设，给予规制企业选择更先进技术实现节能减排的灵活性；另一方面，应推进自愿减排协议、自主治理等节能减排及环境保护新机制的应用，通过企业自愿减排获益、政府参股监督的方式可以降低交易成本并实现减排与治污目标。对于规制度较高的重度污染行业，若进一步提高环境规制强度，不仅不能通过"创新补偿效应"实现工业经济发展与环境保护的双赢，反而会使那些效益低下、绿色技术落后的中小企业短期内不能达到环境标准，进而产生规避行为和寻租行为，减少绿色技术研发的投资。因此，政府不能设定超过企业承受范围的环境规制强度，但也不宜通过降低环境规制强度的方式来提高行业绿色全要素生产率，而是要通过资源整合和要素重置的方式，坚决淘汰技术创新水平低、污染特别严重的企业，实现产业重新优化组合，将资源配置到技术水平高、环境效益好的企业中去，引导企业进行绿色技术研发。

二、调整出口结构

经济全球化增加了一国参与国际竞争以及分享全球化收益的复杂度。打开国门迎接挑战，无疑是当今世界各国必须面对的问题，但关键是在开放的全球市场中，发展中国家如何与发达国家及其代言人跨国公司进行博弈，争取自身最大利益，分享全球化最大好处。具体到加工贸易上，一方面，要借助加工贸易进口来引进技术、转移农村剩余劳动力、锻炼队伍、积累经验，甚至实现产业升级等；另一方面，必须意识到加工贸易的局限性和跨国公司追逐利润的本质，认识到从事加工贸易的负面影响，过度的加工贸易活动不仅无助于产业升级和技术进步，而且也不利于环境改善加大节能技术研发和推广，优化升级产业结构、提高能源利用效率是我国未来减排的主要途径。由于处在特定发展阶段，资源禀赋以及技术水平受到限制，未来我国 CO_2 排放总量仍将上升，因而节能相对于减排更符合我国国情和实际需要。此外，我国出口结构也不尽合理，工业，尤其是重工业，在国民经济中比重过大，造成经济增长对能源消耗的高度依赖，成为减排的重要障碍。因此，优化升级产业结构，大力发展服务业和高新技术产业，将对节能目标的实现大有裨益。

三、合理设计碳税税制框架，将污染成本内部化

碳税作为市场手段，配合能源、资源产品的价格改革，可以有效引导各行业实现经济转型。碳税是环境税的一种，环境税通常以国内税形式出现，一般按产地原则或目的地原则征收。产地原则指一国政府有权对本国生产的所有商品课税，无论这些商品是在本国还是国外消费；目的地原则即一国政府有权对本国消费的所有商品课税，而无论这些商品产自本国还是进口。因此，当一国实行产地原则而另一国实行目的地原则时，同一批商品既要负担出口国征收的环境税，又要负担进口国征收的环境税，从而出现双重征税问题。如果出口商品负担两国的环境税，它在进口国的国内市场上就不能与进口国生产的同类产品进行竞争，不利于国际贸易的公平竞争原则。因此，根据避免双重征税的原则，采取国内主动征收碳税有其积极的意义。未来的十年是实现低碳转型最为关键的十年。目前的节能减排工作成效很大，但基本上还以行政手段为主，经

济手段运用不足，仍有改善的空间。充分利用碳税杠杆和市场机制，可以有效地调动全社会的节能减排积极性，在更广阔、深远的意义上推动中国经济向低碳发展转型。碳税计征方式，可以实行从量定额计征。根据最优碳税的情形，碳税征收额度应该采取逐步上升的收取方法，即在碳税开始征收的时候，税率设定在较低的水平上，然后随着时间推移逐步上升。这种逐步提高额度的征收方法，给予了用能企业及个人一些调整的时间。这样征税可使用能单位和个人从容调整消费行为，不至于造成浪费。当碳税税率逐步提高时，理性的经济主体可以根据其自身的特点，进行有计划的变化选择低碳的生活方式。这也可以减少碳税对经济的冲击，保证碳税的顺利实施。一个逐步推进的、合理的碳税制度安排，往往能够达到最优的效果，使经济主体能够依据自身情况选择最优的转型路径积极开展污染治理，降低产业碳排放强度，改变本国投入产出系数，降低中间品、最终品的高碳排放是解决中国环境与贸易冲突最根本的途径。

四、从消费者负责原则出发，争取国际污染谈判中的合法权益

国际污染排放责任划分的两种不同标准，即消费者负责原则与生产者负责原则，分别基于不同角度、不同立场来对出口与投资的污染排放进行重新分配。从生产者负责的原则角度来说，发展中国家因为低廉的劳动力成本从加工贸易、全球生产制造加工基地中获得了巨大的出口利益和外汇收入，保持了较高的经济增长速度，有义务弥补和承担出口经济增长带来的全球污染排放的责任。而从消费者负责原则出发，发达国家通过两条途径向发展中国家转移了污染。一方面，发达国家通过 FDI 转移了其国内的污染产业，使得发展中国家沦为"污染天堂"，以跨国公司为载体向世界各国输送污染产品；另一方面，直接从发展中国家进口污染产品，通过贸易转移了其国内对污染品的需求，保持了其国内生产过程以及社会环境的清洁度。因此，从消费者负责的

原则出发，发达国家应该为发展中国家的污染出口承担很大责任，这一部分污染排放应从发展中国家的责任中剔除。从中国自身角度来说，由于加工贸易的特殊存在，使得中国的出口污染排放测算程度更加复杂。加工贸易的中间品进口特征使得中国中间品的污染排放在国外实现，在国际污染谈判中应该强调这一点，才能使中国出口品的最终国外排放程度大幅减少，争取自己在国际贸易污染谈判中的地位。只有坚持消费则负责的原则，才能更科学地约束发达国家需求与发展中国家生产，对污染品的需求和对污染品的生产同时受到束缚与制约，也才能真正将污染成本内在化，更有效地解决贸易与环境的问题。

五、大力发展节能减排技术，降低碳排放强度

大力发展节能减排技术，降低生产过程中的碳排放强度，是解决最终问题的根间。通过前述分析，我们也发现，中国生产的单位污染排放非常大，这既和中国高投入的粗放增长路线紧密相关，也与国人对环境的意识程度不高有关。大力发展节能减排技术，从生产的每一个环节来降低碳排放。采取较积极的能源政策，包括提高可再生能源和油气等清洁能源的比例。扩大与发达国家包括清洁能源生产机制（CDM）等能源环保合作项目的数量和规模，有效降低出口中隐含碳排放。针对目前能源结构中化石能源特别是煤炭比重过高的状况，要进一步合理规划煤炭产业，提高煤炭采集使用效率，降低电力生产碳排放系数。完善煤电价格形成机制，促进高耗煤产业进行技术改造和优化重组；发展风能、太阳能等新型清洁能源，在给予这些行业一定的投融资和税收优惠基础上，鼓励其参与国际经济技术合作，争取新能源行业，实现跨越式发展，以在未来的经济竞争中取得先机。

第二节　结　论

中国面临着巨大的环境与贸易的压力。尽管贸易带来了中国高速的经济增长，同时也导致了"碳泄漏"。发达国家自身严格的碳排放管理制度使其高污染产业不得不到环境规制较松的、环境成本较低的国家和地区去寻求市场，形成了碳排放的"南—北"局面。从消费侧的原则来说，发达国家将高污染、高能耗及资源型行业转移到发展中国家，再从这些国家进口低附加值产品或半成品，这样可以减少发达国家自己的排放量，实现他们污染排放的境外消费，发展中国为他们的消费买单。发达国家污染产业向发展中国家转移很大程度上成为我国出口导向型经济增长的动力，而同时发达国家从我国进口大量的高碳产品也促使我国成为出口排污量第一大国。真实有效地在加工贸易背景下对中国外贸碳排放进行测算，研究剔除加工进口的外贸排放净值，是争取中国在对外贸易与环境中谈判的筹码。

本研究利用世界投入产出表各国的投入产出系数和碳排放系数，从多区域投入产出的角度对世界主要国家的出口碳排放进行科学的测算，摒弃了以往学术界在技术条件不成熟时所采取的"本国技术假设"的思想，避免用本国投入产出系数和碳排放系数替代进口国。并且，将各个国家的出口碳排放量进行结构分解，同时对中国对各个贸易对象国的出口碳排放量结构分解，从碳排放系数强度、投入产出嵌入程度、出口结构、出口总量四个方面深层次地分析碳排放量的不同原因。无论是发达国家还是发展中国家，各国在环境保护中均采取了积极的措施，污染治理均得到了明显的效果。整体而言，发达国家碳排放系数下降幅度比发展中国家要小。中国在污染治理方面取得了巨大的成就，如碳排放系数下降幅度最大，但中国前期污染治理的基数过大，治理仍然有待进一步深入，排放强度有待进一步下降。过高的碳排放系数使中国必须承担由出口带来的全球碳减排的责任与义务。无论是发达国家还是发展中国家，对中国中间品、最终品的需求都有所增加，尤其是对中国的电子、化工产品以及原材料需求的不断增加，使中国过度嵌入国际分工产业链，在全球"生产者责任"分配原则下承担了的原本不应该承担的污染治理的义务与压力。

加工出口贸易占据了我国出口贸易的半壁江山，因此剔除掉加工贸易的因素对中国出口碳排放和出口单位含碳量进行一一测算，比以往学术界的研究更具科学性。在加工贸易背景下测算中国与贸易对象的出口碳排放量，不考虑国内消费生产碳排放，不考虑国外对中国的消费需求，只考虑加工贸易背景下中国的出口碳排放中含有多大程度的虚夸成分，即中国加工贸易对中间品的进口导致对中国对贸易对象的引致需求。向碳排放强度较低、环境规制较严格、投入产出系数相对优化的外部国家进口中间品，能够使中国分享贸易对象国低投入高产出低碳排放模式的外部性，降低本国出口碳排放强度的虚夸成分。

影响中国双边贸易中出口碳排放的因素很多，由于加工贸易的存在，加工贸易的进口量与进口国加工贸易的产业内贸易指数直接影响加工贸易下中国出口碳排放。我们发现，中国的绿色全要素生产率对中国出口碳排放总量以及单位碳排放强度的影响为正，与预期相反。包括中国国内中间投入比重这个指标对被解释变量的影响也和预期相反，这都与中国的高投入、高产出的现实相符。即使是中国的新兴产业——高科技产业，同样走的是粗放型增长道路。同时我们也发现，中国的绝大部分产业的中间投入比重要大于发达国家，中国要想提升绿色全要素生产率，提高生产效率，进一步降低出口碳排放总量和单位强度，必须要走一条集约型增长之路。

积极开展污染治理，降低产业碳排放强度，改变本国投入产出系数，降低中间品、最终品的高碳排放是解决中国环境与贸易冲突最根本的途径。另外，积极主动改变出口结构、调整进出口的国别方向，在消费者负责原则下坚持本国的利益，以期避免"发达国家消费污染，发展中国家承担责任"的恶性循环，呼吁和倡导在经济发展、污染分配均跨越国界的国际环境下，消费者和生产者共同承担污染责任的分配与约束，这样才能有效保证中国合理的国际贸易出口环境和最根本的出口利益。

参考文献

◎ 白雪洁，宋莹，2009.环境规制、技术创新与中国火电行业的效率提升 [J]. 中国工业经济（8）：68-77.

◎ 陈芳，2015.加工贸易与能源消耗：基于省区面板数据的研究 [J]. 安徽大学学报(哲学社会科学版)（2）：137-143.

◎ 陈迎，潘家华，谢来辉，2008.中国外贸进出口商品中的内涵能源及其政策含义 [J]，经济研究（7）：11-25.

◎ 陈勇兵，陈宇媚，周世民，2012.贸易成本、企业出口动态与出口增长的二元边际：基于中国出口企业微观数据：2000—2005[J].经济学，11（4）：1477-1502.

◎ 陈媛媛，2011.行业环境管制对就业影响的经验研究：基于 25 个工业行业的实证分析 [J]. 当代经济科学，33（3）：67-73，126.

◎ 戴觅，余淼杰，MAITRA M，2014.中国出口企业生产率之谜：加工贸易的作用 [J]. 经济学，13（2）：675-698.

◎ 邓荣荣，2014.南南贸易增加了中国的碳排放吗：基于中印贸易的实证分析 [J]. 财经论丛（1）：3-9.

◎ 杜运苏，张为付，2012.中国出口贸易隐含碳排放增长及其驱动因素研究 [J].

国际贸易问题（3）: 97-107.

◎ 傅京燕，李丽莎，2010. 环境规制、要素禀赋与产业国际竞争力的实证研究：
基于中国制造业的面板数据 [J]. 管理世界（10）: 87-98, 187.

◎ 傅京燕，张春军，2014. 国际贸易、碳泄漏与制造业 CO_2 排放 [J]. 中国人口·
资源与环境，24（3）: 13-18.

◎ 傅京燕，张珊珊，2011. 碳排放约束下我国外贸发展方式转变之研究：基于
进出口隐含 CO_2 排放的视角 [J]. 国际贸易问题（8）: 110-121.

◎ 傅京燕，赵春梅，2014. 环境规制会影响污染密集型行业出口贸易吗？: 基
于中国面板数据和贸易引力模型的分析 [J]. 经济学家（2）: 47-58.

◎ 黄平，胡日东，2010. 环境规制与企业技术创新相互促进的机理与实证研究
[J]. 财经理论与实践，31（1）: 99-103.

◎ 黄平，王宇露，2010. 我国碳排放权价格形成的研究：基于 CDM 项目的价
值网络分析 [J]. 价格理论与实践（8）: 24-25.

◎ 蒋伏心，王竹君，白俊红，2013. 环境规制对技术创新影响的双重效应：基
于江苏制造业动态面板数据的实证研究 [J]. 中国工业经济（7）: 44-55.

◎ 蒋雪梅，刘轶芳，2013. 全球贸易隐含碳排放格局的变动及其影响因素 [J].
统计研究，30（9）: 29-36.

◎ 李斌，2013. 环境规制、绿色全要素生产率与中国工业发展方式转变 [J]. 中
国工业经济（4）: 56-68.

◎ 李勃昕，韩先锋，宋文飞，2013. 环境规制是否影响了中国工业 R&D 创新
效率 [J]. 科学学研究，31（7）: 1032-1040.

◎ 李锴，齐绍洲，2011. 贸易开放、经济增长与中国二氧化碳排放 [J]. 经济研
究（11）: 60-72, 102.

◎ 李瑞娥，张海军，2008. 中国环境库兹涅茨曲线的变化特征（1981—2004）[J].

西安交通大学学报(社会科学版), 28（4）: 35-43.

◎ 李小平，卢现祥，2010. 国际贸易、污染产业转移和中国工业 CO_2 排放 [J]. 经济研究（1）: 15-26.

◎ 刘强，庄幸，姜克隽，等，2008. 中国出口贸易中的载能量及碳排放量分析 [J]. 中国工业经济（8）: 46-55.

◎ 刘修岩，吴燕，2013. 出口专业化、出口多样化与地区经济增长: 来自中国 省级面板数据的实证研究 [J]. 管理世界(月刊)（8）: 30-40.

◎ 刘宇，2015. 中国主要双边贸易隐含二氧化碳排放测算: 基于区分加工贸易 进口非竞争型投入产出表 [J]. 财贸经济（5）: 96-108.

◎ 陆旸，2009. 环境规制影响了污染密集型商品的贸易比较优势吗? [J]. 经济 研究（4）: 28-40.

◎ 马中东，宁朝山，2010. 环境规制与企业低碳竞争力分析 [J]. 统计与决策, 318（18）: 182-183.

◎ 欧阳峣，刘智勇，2010. 发展中大国人力资本综合优势与经济增长: 基于异 质性与适应性视角的研究 [J]. 中国工业经济，272（11）: 26-35.

◎ 彭水军，刘安平，2010. 中国对外贸易的环境影响效应: 基于环境投入 — 产出模型的经验研究 [J]. 世界经济（5）: 140-160.

◎ 彭水军，张文城，孙传旺，2015. 中国生产侧和消费侧碳排放量测算及影响 因素研究 [J]. 经济研究（1）: 168-182.

◎ 齐晔，李惠民，徐明，2008. 中国进出口贸易中的隐含碳估算 [J]. 中国人口·资源与环境，18（3）: 8-13.

◎ 沈利生，2007. 我国对外贸易结构变化不利于节能降耗 [J]. 管理世界（10）: 43-50, 171-172.

◎ 沈能，2014. 空间集聚、规模门槛与技术创新: 基于中国制造业企业普查数

据的实证分析 [J]. 管理工程学报，28（4）：21-27.

◎ 石红莲，张子杰，2011. 中国对美国出口产品隐含碳排放的实证分析 [J]. 国际贸易问题 (4)：56-64.

◎ 王动，王国印，2011. 环境规制对企业技术创新影响的实证研究：基于波特假说的区域比较分析 [J]. 中国经济问题（1）：72-79.

◎ 王国印，王动，2011. 波特假说、环境规制与企业技术创新：对中东部地区的比较分析 [J]. 中国软科学（1）：100-112.

◎ 魏下海，2009. 贸易开放、人力资本与中国全要素生产率：基于分位数回归方法的经验研究 [J]. 数量经济技术经济研究（7）：61-72.

◎ 谢建国，周露昭，2009. 进口贸易、吸收能力与国际 R&D 技术溢出：中国省区面板数据的研究 [J]. 世界经济（9）：68-81.

◎ 徐敏燕，左和平，2013. 集聚效应下环境规制与产业竞争力关系研究：基于波特效应的再检验 [J]. 中国工业经济（3）：72-84.

◎ 闫文娟，郭树龙，史亚东，2012. 环境规制、产业结构升级与就业效应：线性还是非线性? [J]. 经济科学（6）：23-32.

◎ 杨子晖，田磊，2017. "污染天堂" 假说与影响因素的中国省际研究 [J]. 世界经济 (5)：148-172.

◎ 易先忠，欧阳峣，傅晓岚，2014. 国内市场规模与出口产品结构多元化：制度环境的门槛效应 [J]. 经济研究（6）：18-29.

◎ 余官胜，2009. 贸易开放和人力资本形成的非线性关系：理论和基于我国省际动态面板数据的实证研究 [J]. 财经科学（9）：110-116.

◎ 臧旭恒，赵明亮，2011. 垂直专业化分工与劳动力市场就业结构：基于中国工业行业面板数据的分析 [J]. 中国工业经济（6）：47-57.

◎ 曾贤刚，2010. 环境规制、外商直接投资与 "污染避难所" 假说：基于中国

30 个省份面板数据的实证研究 [J]，经济理论与经济管理（11）：65-71.

◎ 张传国，洪琴，2013.海峡两岸贸易隐含碳排放问题研究 [J].国际贸易问题（5）：104-114.

◎ 张宽，2019.FDI 是否加剧了中国制造业 CO_2 排放 ?[J].财经理论研究 (6)：88-102.

◎ 张庆昌，蒋殿春，2011.异质性与跨国公司的战略选择 [J].当代经济科学，33（5）：92-98，127-128.

◎ 张少华，蒋伟杰，2014.加工贸易提高了环境全要素生产率吗：基于 Luenberger 生产率指数的研究 [J].南方经济（11）：1-24.

◎ 张为付，杜运苏，2011.中国对外贸易中隐含碳排放失衡度研究 [J].中国工业经济（4）：138-147.

◎ 张晓莹，张红凤，2014.环境规制对中国技术效率的影响机理研究 [J].财经问题研究（5）：124-129.

◎ 张友国，2010.中国贸易含碳量及其影响因素：基于(进口)非竞争型投入 - 产出表的分析 [J].经济学，9（4）：1287-1310.

◎ 赵红，2008.环境规制对中国企业技术创新影响的实证分析 [J].管理现代化（3）：4-6.

◎ 赵伟，赵金亮，韩媛媛，2011.异质性、沉没成本与中国企业出口决定：来自中国微观企业的经验证据 [J].世界经济（4）：62-79.

◎ 赵子壮，周毅，2011.自然资源、环境和制度约束下的最优经济增长分析 [J].安徽农业科学，39（22）：13739-13741.

◎ 祝树金，戢璇，傅晓岚，2010.出口品技术水平的决定性因素：来自跨国面板数据的证据 [J].世界经济（4）：28-46.

◎ AARONSON S, 2010. How China's employment problems became trade problems[J]. Global economy journal, 10(3): 1850204-1-30.

◎ ACKERMAN F, ISHIKAWA M, SUGA M, 2007. The carbon content of Japan-US trade[J]. Energy policy, 35(9): 4455-4462.

◎ AGRAS J, CHAPMAN D, 1999. A dynamic approach to the environmental kuznets curve hypothesis[J]. Ecological economics, 28(2): 267-277.

◎ AGRAS J, CHAPMAN D, 1999. A dynamic approach to the environmental kuznets curve hypothesis[J]. Ecological economics, 28(2):267-277.

◎ AKBOSTANCI E, TÜRÜT-AŞIK S, TUNÇ, G İ, 2009. The relationship between income and environment in Turkey: is there an environmental Kuznets curve?[J]. Energy policy, 37(3): 861-867.

◎ ALVAREZ R, 2007. Explaining export success: firm characteristics and spillover effects[J]. World development, 35(3): 377-393.

◎ ANTWEILER W, COPELAND B R, TAYLOR M S, 2001. Is free trade good for the environment?[J]. American economic review, 91(4): 877-908.

◎ ARKOLAKIS C, GANAPATI S, MUENDLER M.The extensive margin of exporting products:a firm-level analysis[J].CESifo working paper series(11):3309.

◎ AW B Y, ROBERTS M J, XU D Y, 2011. R&D investment, exporting, and productivity dynamics[J]. Americcen economic review, 101(4): 1312-1344.

◎ AZOMAHOU T, LAISNEY F, VAN P N, 2006. Economic development and CO_2 emissions: a nonparametric panel approach[J]. Journal of public economics, 90(6/7): 1347-1363.

◎ BABIKER M H, 2005. Climate change policy, market structure, and carbon leakage[J]. Journal of international economics, 65(2): 421-445.

◎ BIRDSALL N, WHEELER D, 1993. Trade policy and industrial pollution in latin america: Where are the pollution havens?[J]. Journal of environment and development, 2(1): 137-149.

◎ BUSSE M, 2004. Trade, environmental regulations and the World Trade Organization: new empirical evidence[J]. Journal of world trade, 38(2): 285-306.

◎ CASACUBERTA C, FACHOLA G, GANDELMAN N, 2004. The impact of trade liberalization on employment, capital, and productivity dynamics: evidence from the uruguayan manufacturing sector[J]. The journal of policy reform, 7(4): 225-248.

◎ CHANEY T, 2013. The gravity equation in international trade: an explanation[J]. NBER working paper(8): 10285-1-49.

◎ CHEN Z M, CHEN G Q, 2011 . Embodied carbon dioxide emission at supra-national scale: a coalition analysis for G7, BRIC, and the rest of the world[J]. Energy policy, 39(5): 2899-2909.

◎ CHINTRAKARN P, MILLIMET D L, 2006. The environmental consequences of trade: evidence from subnational trade flows[J]. Journal of environmental ecnomics and management, 52(1): 430-453.

◎ COLE M A, 2004. Trade, the pollution haven hypothesis and environmental Kuznets curve: examining the linkages[J].Ecological economics,48(1):71-81.

◎ COLE M A, ELLIOTT R J R, 2003. Do Environmental regulations influence trade patterns? Testing old and new trade theories[J]. The world economy, 26(8): 1163-1186.

◎ COLE M A, ELLIOTT R J R, FREDRIKSSON P G, 2006. Endogenous pollution havens: does FDI influence environmental regulations? [J]. Scandinavian journal of economics, 108(1) : 157-178.

◎ COPELAND B R, TAYLOR M S, 1994. North-south trade and the environment[J].

Quarterly journal of economics, 109(3): 755-787.

◎ DASGUPTA G, LAPLANTE B, WANG H, et al, 2002. Confronting the environmental Kuznets curve[J]. Journal of economic perspectives, 16(1): 147-168.

◎ DAVIS S J, PETERS G P, CALDEIRA K, 2011. The supply chain of CO_2 emissions[J]. Proceedings of the national academy of sciences of the United States of America, 108(45): 18554-18559.

◎ DE HAAN M, 2001. A structural decomposition analysis of pollution in the Netherlands[J].Economic systems research, 13(2): 181-196.

◎ DE HAAN M, KEUNING S J, 2001. The NAMEA as validation instrument for environmental macroeconomics[J]. Integrated assessment, 2(2): 79-87.

◎ DONG Y F, LU J, JIN H, et. al, 2011. Comparison of enzymatic hydrolysis of leaves, husks and pith of corn stalk[J]. Advanced materials research, 365: 240-244.

◎ DONG Y L, ISHIKAWA M, LIU X B, et al, 2010. An analysis of the driving forces of CO_2 emissions embodied in Japan–China trade[J]. Energy policy, 38(11): 6784-6792.

◎ DOUGHERTY S, ROBLES V C F, KRISHNA K, 2011. Employment protection legislation and plant-level productivity in India[J]. NBER working papers(12): 17693-1-41.

◎ EDENS B, DELAHAYE R, VAN ROSSUM M, et al, 2011. Analysis of changes in Dutch emission trade balance(s) between 1996 and 2007[J]. Ecological economics, 70(12): 2334-2340.

◎ EGGER H, EGGER P, GREENAWAY D. Intra-industry trade with multinational firms[J]. European economic review, 2007, 51(8): 1959-1984.

◎ FEENSTRA R, KEE H L, 2004. Export variety and country productivity[J]. NBER working papers: 10830-1-44.

◎ FODHA M, ZAGHDOUD O, 2010. Economic growth and pollutant emissions in Tunisia: An empirical analysis of the environmental Kuznets curve[J]. Energy policy, 38(2): 1150-1156.

◎ FUJIWARA I, HIRAKATA N, 2009. Dynamic aspects of productivity spillovers, terms of trade, and the home market effect[J]. IMF staff papers, 56(4): 958-969.

◎ GALEOTTI M, LANZA A, 1999. Desperately seeking environmental Kuznets[J]. Environmental modelling and software,20(11):1379-1388.

◎ GAVRILOVA O, VILU R, 2012. Production-based and consumption based national greenhouse gas inventories: an implication for Estonia[J]. Ecological economics, 75: 161-173.

◎ GHANI G M, 2012. Does trade liberalization effect energy consumption?[J]. Energe policy, 43: 285-290.

◎ GHERTNER D A, FRIPP M, 2007. Trading away damage: Quantifying environmental leakage through consumption-based, life-cycle analysis[J]. Ecological economics, 63(2/3), 563-577.

◎ GILJE E, LOUTSKINA E, STRAHAN P E, 2013. Exporting liquidity: branch banking and financial integration[J]. NBER working paper(9): 19403-1-41.

◎ GROSSMAN G M, HELPMAN E, 1995. The politics of free-trade agreements[J]. The American economic review, 85(4): 667-690.

◎ GROSSMAN G M, KRUEGER A B, 1991. Environmental impacts of a North American free trade agreement[J]. NBER working papers(11): 3914-1-54.

◎ GRUBEL H G, LLOYD P J, 1975. Intra-industry trade: the theory and measurement of international trade in differentiated products[J]. The economics journal, 85(339): 312-314.

◎ HAMAMOTO M, 2006. Environmental regulation and the productivity of Japanese manufacturing industries[J]. Resource and energy economics, 28(4): 299-312.

◎ HAUSMANN R, HWANG J, RODRIK D, 2007. What you export matters[J]. Journal of econmics growth, 12(1): 1-25.

◎ HÜBLER M, VOIGT S, LÖSCHELC A, 2014. Designing an emissions trading scheme for China: an up-to-date climate policy assessment[J]. Energy policy, 75: 57-72.

◎ HUMMELS D, KLENOW P, 2005. The variety and quality of a nation's exports[J]. American economic review, 95(3): 704-723.

◎ JAFFE A B, PETERSON S R, PORTNEY P R, et al., 1995. Environmental regulation and the competitiveness of U.S. manufacturing: what does the evidence tell us?[J]. Jounal of economic literature, 33(1): 132-163.

◎ KELLENBERG D K, 2009. An empirical investigation of the pollution haven effect with strategic environment and trade policy[J]. Journal of international economics, 78(2): 242-255.

◎ KENNEDY P W, 1994.Equilibrium pollution taxes in open economies with imperfect competition[J]. Journal of environmental economics and management, 27(1): 49-63.

◎ KHANDELWAL A K, SCHOTT P K, WET S J, 2013. Trade liberalization and embedded institutional reform: evidence from Chinese exporters[J]. Scocial science electronic publishing, 103(6): 2169-2195.

◎ KUKLA-GRYZ A, 2009. Economic growth, international trade and air pollution: a decomposition analysis[J]. Ecological economics, 68(5): 1329-1339.

◎ LALL S, 2000. The technological structure and performance of developing country manufactured exports, 1985-1998[J]. Oxford development studies, 28(3): 337-369.

◎ LARSON B A, NICOLAIDES E, ZUBI B A et al, 2002. The impact of environmental regulations on exports: case study results from Cyprus, Jordan, Morocco, Syria, Tunisia, and Turkey[J]. World development, 30(6): 1057-1072.

◎ LAWLESS M, 2009. Firm export dynamics and the geography of trade[J]. Journal of international economics, 77(2): 245-254.

◎ LENZEN M, PETERS G M, 2010. How city dwellers affect their resource hinterland[J]. Journal of industrial ecology, 14(1): 73-90.

◎ LI Y, HEWITT C N, 2008. The effect of trade between China and the UK on national and global carbon dioxide emissions[J]. Energy policy, 36(6): 1907-1914.

◎ MACHADO G, SCHAEFFER R,WORRELL E,2001. Energy and carbon embodied in the international trade of Brazil: an input-output approach[J]. Ecological economics, 39(3): 409-424.

◎ MANAGI S, HIBIKI A, TSURUMI T, 2009. Does trade openness improve environmental quality?[J]. Journal of environmental economics and management, 58(3): 346-363.

◎ MELITZ M J, Ottaviano G I P, 2008. Market size, trade, and productivity[J]. The review of economic studies, 75(3): 295-316.

◎ MENG Y H, NI X Y, 2011. Intra-product trade and ordinary trade on China's environmental pollution[J]. Procedia Environmental Sciences(10): 790-795.

◎ MIDELFART-KNARVIK K H, OVERMAN H G, REDDING S J, et al, 2000a. The location of european industry[J]. European economy-economic papers: 2008-2015.

◎ MIDELFART-KNARVIK K H, OVERMAN H G, VENABLES A J, 2000. Comparative advantage and economic geography: estimating the location of production in the EU[J]. Papers(10):1-33.

◎ MONREAL-PÉREZ J, ARAGÓN-SÁNCHEZ A, SÁNCHEZ-MARÍN G, 2012. A longitudinal study of the relationship between export activity and innovation in the Spanish firm: the moderating role of productivity[J]. International business review, 21(5): 862-877.

◎ MULATU A, FLORAX R J G M, WITHAGEN C, 2004. Environmental regulation and international trade: empirical results for the manufacturing industry in Germany, the Netherlands and the US, 1972-1992[J]. Social science electronic publishing, 100(19): 192001.

◎ MUNKSGAARD J, PEDERSEN K A, 2001. CO_2 accounts for open economics: producer or consumer responsibility?[J]. Energy policy, 29(4): 327-334.

◎ Munksgaard J,PederseN K A,WIEN M,2000.Impact of household consumption on CO_2 emissions[J].Energy economics,22(4):423-440.

◎ NASIR M, REHMAN F U, 2011. Environmental Kuznets Curve for carbon emissions in Pakistan: an empirical investigation[J]. Energy policy, 39(3): 1857-1864.

◎ OTSUKA K, YAGUCHI Y, SONOBE T, 2007. Beyond the environmental kuznets curve: a comparative study of SO2 and CO_2 emissions between Japan and China[J]. Environment and development economics, 12(3): 445-470.

◎ PETERS G P, HERTWICH E G, 2008. Post-Kyoto greenhouse gas inventories: production versus consumption[J]. Climatic change, 86: 51-66.

◎ PETERS G P, HERTWICH E G,2006. Pollution embodied in trade: the Norwegian case[J].Global environmental change, 16(4): 379-387.

◎ POPP D, RICHARD G, NEWELL, et.al, 2009. Energy, the environment, and technological change[J]. Working paper(4): 14832.

◎ PORTER M E, VAN DER LINDE, 1995. Toward a new conception of the environment-competitiveness relationship[J]. Journal of economic perspectives, 9(4): 97-118.

◎ RICHMOND A K, KAUFMANN R K, 2006. Is there a turning point in the relationship between income and energy use and/or carbon emissions?[J]. Ecological economics, 56(2): 176-189.

◎ ROBERTS M J, XU D Y, FAN X Y, et al, 2012. A structural model of demand, cost, and export market selection for Chinese footwear producers[J]. NBER working paper(1): 17725-1-51.

◎ ROCA J, ALCÁNTARA V, 2001. Energy intensity, CO_2 emissions and the environmental kuznets curve. The Spanish case[J]. Energy policy, 29: 553-556.

◎ SANCHEZ-CHOLIZ J,DUARTE R,2004.CO_2 emissions embodied in international trade: evidence for Spain [J]. Energy policy, 32(18): 1999-2005.

◎ SANTOS-PAULINO A, 2010. Export productivity and specialisation: a disaggregated analysis[J]. The world economy, 33(9): 1095-1116.

◎ SELDEN L A, KINOSIAN H J, ESTES J R, et al,1994.Influence of the high affinity divalent cation on actin tryptophan fluorescence[J].Advances in experimental medicine and biology,358:51-57.

◎ SHARMA S S, 2011. Determinants of carbon dioxide emissions: empirical evidence from 69 countries[J]. Applied energy, 88(1): 376-382.

◎ SU B, 2011. School design and energy efficiency[J]. World academy of science, engineering and technology, 60: 585-589.

◎ SU B, ANG B W, 2011. Multi-region input output analysis of CO_2 emissions embodied in trade: the feedback effects[J]. Ecological economics, 71(24): 377-384.

◎ TAGUCHI H, 2012. The environmental kuznets curve in Asia: the case of sulphur and carbon emissions[J]. Asia-pacific development journal, 19(2): 77-92.

◎ TARASOV A, 2011. Per capita income, market access costs, and trade volumes[J]. Journal of international economics, 86(2): 284-294.

◎ TOBEY J A, 1990.The effects of domestic environmental policies on patterns of world trade: an empirical test[J]. Kyklos, 43(2): 191-209.

◎ TSURUMI T, MANAGI S, 2010. Does energy substitution affect carbon dioxide emissions - Income relationship?[J]. Journal of the Japanese and international economies, 24(4): 540-551.

◎ TUKKER A, DEKONING A, WOOD R et al, 2013. Price corrected domestic technology assumption a method to assess pollution embodied in trade using primary official statistics only[J]. Environmental science technology, 47(4): 1775-1783.

◎ WAGNER J, 2008. Export entry, export exit and productivity in German manufacturing industries[J]. International journal of the economics of business, 15(2): 169-180.

◎ WEBER T A, NEUHOFF K, 2010. Carbon markets and technological innovation[J]. Journal of environmental economics, 60(2): 115-132.

◎ WIEBE K S, BRUCKNER M, GILJUM S, 2012. Calculating energy-related CO_2 emissions embodied in international trade using a global input-output model[J]. Economic systems research, 24(2): 113-139.

◎ WIEDEMANN S, MCGAHAN E, GRIST S, et al, 2010. Environmental assessment of two pork supply chains using life cycle assessment[M]. Canberra: Rural Industries

Research and Development Corporation.

◎ WIEDMANN T, 2009. A review of recent multi-region input-output models used for consumption-based emission and resource accounting[J]. Ecological economics, 69(2): 211-222.

◎ WILTING H C, 2012. Sensitivity and uncertainty analysis in MRIO modelling; some empirical results with regard to the dutch carbon footprint[J]. Economic systems research, 24(2): 141-171.

◎ WILTING H C, ROS J P M, 2009. Comparing the environmental effects of production and consumption in a region: a tool for policy[M]//SUH S. Handbook of input-output economics in industrial ecology. Dordrecht Springer: 379-395.

◎ WU J, LI S M, SAMSELL D, 2012. Why some countries trade more, some trade less, some trade almost nothing: the effect of the governance environment on trade flows[J]. International business review, 21(2): 225-238.

◎ YANG C, TSENG Y, CHEN C, 2012. Environmental regulations, induced R&D, and productivity: evidence from Taiwan's manufacturing industries[J]. Resource and energy economics, 34(4): 514-532.

◎ ZHAO Y H, 2011. The study of effect of carbon tax on the international competitiveness of energy-intensive industries: an empirical analysis of OECD 21 countries, 1992-2008[J].Energy procedia, 5: 1291-1302.